AF606157

Damián Sánchez

¡Es él! ¡Es ella!

Y Dios tenía a alguien preparado para mí...

¡Es él! ¡Es ella!
Y Dios tenía a alguien preparado para mí…

amesoeurmn@gmail.com

les_pepites_d_armelle
jardindesbenedictions@gmail.com

C/ Sagasta, 6. 23400 - Úbeda (Jaén)
www.didacbook.com
Dirección editorial: Miguel Ángel Barbero Barrios

ISBN: 978-84-17855-58-1
DEPÓSITO LEGAL: J 21-2026
Diseño de cubierta y maquetación : Alison Périé – alisonperie.pro@gmail.com

A Dios Creador,
que nos creó por amor,
y que desea que nos amemos los unos a los otros.

«*Madame,*
Vous qui m'avez choisi un jour,
pour répandre vos mots d'Amour,
Vous qui un jour m'avez élu,
je vous bénis et vous salue».

ÍNDICE

PRÓLOGO

Sabemos que la Providencia actúa en nuestras vidas. No de forma mágica ni forzosa, pero sí con una cercanía tan real como discreta. Hay momentos en los que uno, mirando hacia atrás, sólo puede decir con humildad y asombro: «el Señor estuvo allí». Y si esto ocurre en tantas decisiones cotidianas, ¿cómo no va a estar presente, y de manera aún más delicada, en algo tan esencial como el amor entre dos personas, en la elección de un compañero o compañera de vida?

Esta es la hipótesis principal que desarrolla Damián Sánchez en estas páginas. Y más que una hipótesis, es una convicción que brota de la experiencia creyente: **no estamos solos.** Dios camina a nuestro lado. Como el Arcángel Rafael acompañó a Tobías en su viaje Tob 12, también hoy el Señor guía nuestros pasos cuando nos atrevemos a encomendarle nuestros deseos más hondos. «Encomienda tu camino al Señor, confía en Él, y Él actuará» Sal 37, 5. Cuánto bien está destinado a hacer este libro, pues sus páginas recuerdan esto a tantos jóvenes que se sienten desorientados en lo afectivo, presionados por modelos que no conducen a la felicidad o heridos por relaciones mal vividas. Dios no está ausente de esa parte tan frágil y tan prometedora de nuestra vida. Al contrario, actúa con su amor creativo para ayudarnos a vivir nuestro propio amor creativo: ese que no se conforma con lo fácil ni con lo inmediato, sino que quiere construir algo que dure, que bendiga, que dé fruto.

Este libro está pensado para ti, que buscas una luz en medio de las dudas. Para ti, que te tomas en serio el amor y no quieres improvisarlo. Para ti, que sospechas que Dios tiene algo que decir, y mucho que regalar, en este terreno que a veces preferimos reservar para nuestras solas fuerzas. Y sí: Dios tiene grandes aventuras preparadas para ti. Pero hay que estar dispuesto a buscarlas. Como indica el Cantar de los Cantares: « Me levantaré y recorreré la ciudad; por las calles y las plazas, buscaré al amor de mi alma » Cant 3, 2. El amor no siempre se encuentra sentado, ni llega sin búsqueda ni discernimiento. Y cuando lo encuentras, si es verdadero, puedes decir con gozo: « Lo abracé y no lo solté » Cant 3, 4.

« ¡Es él! ¡Es ella! » no da recetas mágicas. Pero sí ofrece criterios claros, experiencias reales y una propuesta llena de esperanza para ayudarte a caminar hacia el amor con los ojos abiertos y el corazón disponible. Con sencillez y profundidad, se convierte en compañero de viaje. Sugiere caminos, propone corregir algún paso mal dado que se haya podido dar y anima con firmeza. Por eso, a todos los jóvenes que lo lean, sólo puedo decirles: **no tengáis miedo**. No os dejéis vencer por la prisa ni por la superficialidad. Dios quiere regalaros algo grande, si sabéis esperar y confiar.

Que este libro sea una de esas señales de la Providencia en tu camino.

\+ Monseñor José Ignacio Munilla
Obispo de Orihuela-Alicante
1 de enero de 2026
En la solemnidad de Santa María, Madre de Dios

INTRODUCCIÓN

8 de julio de 1960, son las 6 h 30. Delante de la gruta de Lourdes, donde la Virgen se apareció a Bernardita, un hombre y una mujer tienen una cita muy especial. Él va a pedirle matrimonio a la que será su futura esposa. Es un día lluvioso. No hay prácticamente nadie, pero poco importa. Allí mismo, un año antes, él estuvo rezando toda la noche pidiéndole a la Santísima Virgen conocer pronto a la que será su mujer. Los dos saben que su vocación es el matrimonio, y tras años de espera… y de esperanza, ambas cosas, saben que ha valido la pena.

Todo empieza cuando él, con 29 años, habla con la Hermana Verónica O'Brien, una religiosa mística, que le dice: « La Virgen María está más interesada en vuestro devenir de lo que usted mismo podría estar. Ella tomará total control de los pasos que le conducirán a aquella persona a la que amaréis y con la que mejor serviréis al Señor ».[1] Él sabe que no será cualquier mujer, sino la que tiene que ser. Pues si Jesús dijo aquello de que « En cuanto a vosotros, hasta los cabellos de vuestra cabeza están todos contados » Mt 10, 30. ¿Cómo no iba ser así para algo tan importante como encontrar a la persona con la que compartir su vocación matrimonial?

Este joven no puede ir buscando ni tonteando, de fiesta en fiesta, pues además de que no es su estilo, se trata ni más ni

1. Card. Joseph Suenens, *El rey Balduino, el legado de su vida*, Madrid, Ed. LibrosLibres, 2021

menos que del rey Balduino de Bélgica. Así, con una fe que mueve montañas, el rey le pide a la religiosa algo « tan sencillo » como que le encuentre a la que será su amada. ¿Jesús no fue en busca de cada uno de los personajes del Evangelio?

La Hermana Verónica sueña una noche que la futura prometida está en España. El rey le da luz verde para ir hasta allí. Llega a Madrid y el Espíritu Santo la va guiando. Una cita por aquí, otra por allá… con un sacerdote, con la directora de un centro de chicas de la aristocracia… una puerta que se cierra, otra que se abre... hasta que una persona le da un nombre: Fabiola de Mora y Aragón. Para no comprometer su identidad, la religiosa la llamará « Ávila ».

Con la perspicacia y el envite de quien trabaja para Dios, la religiosa consigue una cita. En cuanto la ve llegar, al instante tiene un presentimiento inequívoco: ¡es ella! La describe como alta, delgada, llena de vida, inteligente, sincera y decidida. Hablan de todo y la Hermana Verónica, discretamente, le pregunta sobre su vida, sus hobbies, sus valores… hasta que directamente le cuestiona sobre el matrimonio:

– ¿Cómo es que una mujer como tú, con tantas cualidades, sigue estando soltera?

– He declinado la petición de mano de un diplomático. He puesto mi vida en las manos de Dios. A Él me abandono. Tendrá algo preparado para mí.

Todo se va confirmando. Y por si fuera poco, la religiosa, que como hemos dicho era mística, había soñado la víspera con un bonito cuadro. Y ni sacado de una película... se lo encuentra colgado en el piso de la elegida.

La Hermana Verónica vuelve de inmediato a Bélgica. «Su majestad, ¡la he encontrado!» El rey se fía con los ojos cerrados. Ahora sólo falta que se conozcan. Eso sí, tras la intervención del Nuncio del Papa para calmar a «Ávila», pues en cuanto se entera del plan... no se lo cree y quiere salir corriendo. Por fin se encuentran en Bélgica, en la casa de la religiosa. El flechazo entre los dos es inmediato. Menos mal, el Cielo no se ha equivocado.

«Lo que más me gusta de ella es su humildad, su confianza en la Santísima Virgen y su transparencia», dirá el rey Balduino. «Ella será siempre para mí un gran estímulo para amar cada vez más a Dios».[2] En menos de un año después del encuentro, el 15 de diciembre de 1960, tiene lugar la boda en la Catedral de Bruselas, presidida por el Cardenal Van Roey y con toda Bélgica llorando de emoción. Fabiola se convierte en la quinta reina de Bélgica.

Cuántos y cuántos ejemplos hay que demuestran que, gracias a la intervención divina, gracias a la Providencia disfrazada de casualidad, dos personas se encuentran, y misteriosamente se atraen, sueñan con unirse para siempre, fundar una familia y ser felices. Por mucho que nosotros no seamos reyes, ni nos esperen palacios ni Catedrales... para Él y su Santa Madre, valemos lo mismo que los reyes de Bélgica. El Cielo actúa en nuestra vida igual, aunque no seamos famosos y no se hable de nosotros.

2. Card. Joseph Suenens, *El rey Balduino, el legado de su vida*, p. 15

Este libro explica la acción de Dios en la atracción de dos almas. Muestra cómo el Señor se sirve de nuestra personalidad, de nuestra psicología, de nuestra biología, de nuestra historia, de nuestras heridas y de todo nuestro ser. Lo que nos lleva a preguntarnos: *¿hay entonces una « media naranja »*[3] *para cada uno de nosotros?*

3. En español se usa el concepto, algo curioso, de "media naranja", pero no quiere decir que cada uno sea una parte a completar. En otras lenguas se le llama de otro modo, por ejemplo en francés « âme soeur », es decir « alma gemela ».

PRESENTACIÓN

«Bendito quien confía en el Señor y pone en el Señor su confianza. Será un árbol plantado junto al agua, que alarga a la corriente sus raíces; no teme la llegada del estío, su follaje siempre está verde; en año de sequía no se inquieta, ni dejará por eso de dar fruto». Jer 17, 7-8

La Sagrada Escritura es explícita sobre el plan de Dios con nosotros. Tras la creación del mundo, el Creador dice en el libro del Génesis: «No es bueno que el hombre esté solo; voy a hacerle a alguien como él, que le ayude» Gn 2, 18. Incluso da la instrucción de lo que tendrán que hacer el hombre y la mujer: «Por eso abandonará el varón a su padre y a su madre, se unirá a su mujer y serán los dos una sola carne» Gn 2, 24. Es decir, que Él quiere que el hombre y la mujer vivan una alianza, que será el reflejo de su Alianza con la humanidad.

En el libro de la Biblia del Cantar de los Cantares, libro que describe el amor humano, encontramos afirmaciones como: «Encontré al amor de mi alma» Cant 3, 4 y «Mi amado es para mí, y yo soy para mi amado» Cant 2, 16. Si seguimos buscando en las Sagradas Escrituras, en el libro de Tobías, vemos que el Arcángel Rafael le acompaña y le protege para que encuentre con éxito a su futura esposa. Tobías, sin sorpresa, en cuanto la conoció: «Se enamoró intensamente de ella» Tb 6, 19.

Entonces, si Dios da tanta importancia al amor entre un hombre y una mujer, para que cumplan su vocación en el matrimonio y para que creen una familia, y si el mismo Jesús hizo su primer milagro en una boda, ¿quiere esto decir que nos tiene preparada nuestra media naranja? ¿O cualquiera vale? Sin olvidar que Dios rechaza el divorcio… con lo que mejor no equivocarse.

En este libro se presentan siete criterios, con los que el soltero o la soltera, podrá discernir si la persona de la que están enamorados/as, o lo estarán, es su media naranja o no.

En la pequeña ciudad francesa de Alençon, hay un puente que visitan muchos matrimonios que vienen de peregrinación. Ese puente es único. Allí se cruzaron los futuros santos esposos Celia y Luis Martin. No se conocían, y de repente ella oyó en su corazón: «Este es el que he preparado para ti». A los tres meses estaban casados y felices. Hablaremos de ellos más adelante.

¿Entonces? ¿Existe o no existe mi media naranja? Es osado afirmarlo categóricamente y es imposible dar una certeza. Pero este libro defiende y explica esta posibilidad. Quiere ser un rayo de esperanza en nuestra sociedad, en la que todo se consume interesadamente, hasta el amor: se prueba, se desecha, se vuelve a probar… Se busca a la Dulcinea y al Don Juan de turno, por cierto, eso confirma que en el fondo pensamos que existe, y si es necesario se busca en internet.

En cambio, los cristianos sabemos que tenemos un Dios que nos cuida y que se ocupa de todo, empezando por nuestra *posible* media naranja. Y cuando llega el momento adecuado… el día menos pensado… ahí aparece él o ella. Entonces se produce una atracción y, para algunos, un misterioso flechazo.

Cada día, el emperador Carlos de Habsburgo daba gracias a Dios por haberle dado, sí, «dado», a su mujer Zita, que consideraba como su escogida desde toda la eternidad. De eso se trata, de recibir al otro como un regalo. Un don magnífico, que se debe recibir con gran confianza, sabiendo que Dios, siempre presente, consuela nuestra alma y nos hace promesas de esperanza y de futuro.

> «*Lo que me sorprende, dice Dios, es la esperanza.*
> *Y no puedo creerlo.*
> *Esa pequeña esperanza que no parece nada.*
> *Esa pequeña niña esperanza.*
> *Inmortal.*
> *La fe ve lo que es. La caridad ama lo que es.*
> *La esperanza ve lo que aún no es y lo que será.*
> *Ama lo que aún no es y lo que será*».

Charles Péguy
El porche del Misterio de la segunda virtud

Con el fin de facilitar la lectura, se utilizarán indistintamente los géneros masculino y femenino para referirse al marido y la mujer, al novio y la novia, etc. Este libro presenta historias reales y documentadas de parejas cristianas, así como de personas conocidas personalmente por el autor, cuyos nombres han sido cambiados para mantener la confidencialidad.

I

ANTES DEL ENCUENTRO

«No despertéis ni hagáis despertar el amor, hasta que sea el momento oportuno». Cant 8, 4

Somos unos privilegiados. Ahora todo el mundo se casa por amor, antes no era así. Hoy escogemos a la persona tras un tiempo de noviazgo, más o menos largo. Se tiene tiempo para acercarse, conocerse, descubrirse, habituarse, enfadarse, alejarse, perdonarse... Hasta que un día los dos se dan el: «Sí quiero».

Antes del compromiso definitivo, los novios siguen una preparación matrimonial. Escuchan charlas, hablan con matrimonios de mayor edad y tienen varias entrevistas con un sacerdote. Un lujo nunca conocido en el pasado, cuando raramente la gente se casaba por amor. Ahora bien, por mucha preparación que haya, la primera clave está en elegir a la persona adecuada. Y para ello, el tiempo vivido en soledad, antes del encuentro, es sumamente importante. Es fundamental. Pues ahí se ponen los fundamentos para que nuestro corazón sea libre para discernir.

Ser feliz solo

Hablando con jóvenes sobre este tema, me gusta preguntarles: *Si ya has encontrado a tu elegido/a y estás seguro, ¿por qué no te casas ya?* La respuesta siempre es la misma: una sonrisa tonta, miradas cómplices entre ellos y me observan como diciendo… *¿Se da cuenta de lo que nos está preguntando?*

Efectivamente. Sin necesidad de que nadie se lo diga, saben que aún no están preparados para tal compromiso. Son como una bella flor, una rosa aún por abrir, a la que todavía hay que esperar. Les falta una cierta madurez afectiva para asumir el compromiso de una relación para toda la vida. Tienen un corazón inquieto, hoy les gusta uno y mañana otro. Por el momento lo que buscan es sobre todo que les quieran, gustar y divertirse. Pero al mismo tiempo es un periodo importante, pues la infancia, la adolescencia y la juventud, son los periodos de la vida para construirse como el futuro hombre y mujer, capaces de darse plenamente. Y también es el periodo en el que es necesario preservarse, pues el amor no se da al primero que pasa.

Efectivamente, el período célibe es muy importante. Y es que los momentos más importantes de una vida se viven solos. Un día salimos del vientre de nuestra madre y nos encontramos expuestos a la soledad, a la cuna, a tener que llorar para que vengan a por nosotros. Otro día nos dejan en la guardería y tenemos que afrontar la separación. Otro día dejamos el domicilio familiar para independizarnos, y sobre todo... la soledad llega el día de nuestra muerte, pues allá arriba también subiremos solos. Esta es nuestra vida. De modo que se trata de saber vivir solos, sin por ello sentirse en soledad. Realizarse como lo que somos: personas libres que se encuentran consigo mismas y se van conociendo a sí mismas, capaces de escucharse y de vivir su vida serena y felizmente estando solas. Sin la necesidad vital de tener ¡ya! a alguien a su lado. Así pueden crecer y desarrollarse según su carácter y su personalidad, para compartirlo un día con alguien. Eso es lo que podemos llamar ser personas maduras y auténticas: capaces de autogestionarse, de dar una orientación a su vida y de tomar decisiones coherentes según sus creencias, valores e ideales. Así, siendo fiel a nosotros mismos, sin máscaras, poder aceptar que los demás nos quieran como somos... o no.

Sabemos que se nos concede un tiempo para vivir en este mundo, para forjarnos, convirtiéndonos en personas que viven en la verdad y que son capaces de mantener relaciones auténticas y verdaderas con los demás. Siguiendo el ejemplo del oficial y poeta francés Pierre-Eugène Bourgin, quien publicó sus obras mientras servía en la tercera compañía sahariana de la Legión Extranjera, y que se nos presenta como un modelo de vida íntegra. Por su ejemplaridad y valentía, fue ascendido a capitán en 1956. Tres años más tarde, en Argelia, recibió una herida mortal en la cabeza durante un combate y falleció durante su evacuación. Fue condecorado con la Legión de Honor a título póstumo. Una promoción de la Escuela Militar llevó su nombre, al igual que una plaza de su pueblo natal, en homenaje a su valentía, su coraje y su integridad, que encarnan el ideal de lo que debe ser un oficial y un capitán del ejército.

«Señor, quiero ser de los que arriesgan su vida.
Tú que naciste en un viaje fortuito
y moriste como un malhechor
tras caminar sin dinero,
sácame de mi egoísmo y de mi comodidad.
Que, marcado por tu fe, no tema la vida dura
y peligrosa en la que se arriesga la vida.

Más allá de todos los riesgos de una vida
comprometida con la acción,
más allá de todos los heroísmos con garbo,
hazme disponible para la hermosa
aventura a la que me llamas.

Los demás pueden ser sensatos,
tú me has dicho que sea un loco.
Otros piensan que hay que conservar,
tú me has dicho que dé.
Otros se instalan, tú me has dicho
que camine y esté preparado para la alegría
y el sufrimiento, para los fracasos y los éxitos,
y para arriesgar mi vida confiando en tu amor».

Capitán Pierre-Eugène Bourgin

Desconfiemos de la dependencia afectiva

Como hemos dicho, para construir una relación entre dos personas, primero se necesita construirse uno a sí mismo. Saber vivir la buena soledad y aprender a afrontar la vida. Eso es lo que nos hace ser hombres y mujeres enteros. Si no soy capaz de ser feliz solo, tampoco lo seré con otra persona. Y si para ser feliz, busco y necesito a alguien a toda costa... es que tengo la enfermedad de la *dependencia afectiva*. Una plaga en nuestra época que hace mucho daño: *Yo seré por fin feliz el día que...* Pues no. Uno no llega desesperado a la relación afectiva, con la autoestima por los suelos y buscando que le curen sus heridas interiores. Esto no funciona así. Eso es buscar la fusión. Tarde o temprano será un hándicap pesado con el que cargar.

Antes de pensar si el otro me quiere, tengo que ser capaz de escucharme interiormente y preguntarme cómo me siento con esta persona. Pues la comunión a la que aspiro, entre dos personas bien diferentes, es otra cosa. Es la unión de corazones, pero desde **la libertad y el respeto** a cada uno por lo que es.

Para ello se tiene que llegar a la relación afectiva con una buena dosis de libertad, es decir, sin ser esclavo de nada, empezando por sus propias heridas. A partir de ahí, uno podrá ocuparse del otro, amarle libremente y respetarle. Sin «necesitarle» a toda costa. *Así que preguntémonos si somos capaces de ser felices solos... y sabremos entonces si será fácil para nosotros serlo en el matrimonio.*

Es así como uno va construyendo, en sí mismo, lo que un día va a dar a otro. Con la ayuda de Dios, va desarrollando sus talentos, su interioridad, su autoestima, sus experiencias, sus sacrificios, sus batallas, sus logros, sus fracasos... Todo, todo, todo, nos va construyendo. Y eso que hace de nosotros, un hombre y una mujer **libres**, será lo que ofreceremos ante el altar el día que nos presentemos para el: «Sí quiero». Sabiendo que ese Sí sólo valdrá la pena si soy capaz de decir: «No». Si no, no valdrá nada. No seríamos libres en nuestro foro interior. Sería un falso «Sí», aunque se haga con buenas intenciones.

Recuerdo aquellos novios, en preparación matrimonial, que tras oír una charla sobre este tema decidieron dejar de vivir juntos hasta casarse. Se dieron cuenta que no sabían si se sentían realmente libres para dar el paso. Enseguida se habían ido a vivir juntos, a «probar su relación». Pero... se prueban objetos – un coche, un aspirador, una bicicleta... no se prueban personas. Entre otras cosas, porque el objeto te dará el mismo rendimiento una vez comprado, en cambio una persona «sabe» que la estás probando. Y es probable que no se comporte igual después de la prueba, una vez casada. Por eso, dos tercios de las separaciones entre novios que vivían juntos, acontecen a los cinco años de casarse.[1]

Irse a vivir juntos, nos va quitando el discernimiento y la capacidad de tomar una decisión, puesto que podemos continuar y continuar y continuar nuestra relación... sin nunca tomar una decisión. Hay una pérdida de libertad, es un ir tirando. Y al final, quizá yo quiera compromiso y el otro no. Entonces ¿qué hacemos? ¿Sigo así? ¿Me quedo? ¿Me voy? Sabiendo que probablemente me soltará aquello de que: «pero si ya nos queremos, ¿para qué comprometernos? Un anillo en el dedo no cambiará nada». Sin olvidar que cualquier día, uno de los dos puede dejar la relación y unirse a otra persona, puesto que no hay compromiso, con lo que todas las opciones siguen abiertas.

Antes de encontrar la media naranja, es esencial encontrarse a **sí mismo** y desarrollar la **autoestima**. Ser libre, para poder crear una relación libre. Que el «Sí», lo sea de verdad. Lo contrario es vivir centrado en sí mismo, y poco a poco desaparece el espacio del otro. Como aquella chica que me contaba que su novio, cuando estaban juntos, se pasaba el tiempo jugando al ordenador.

---

1. INSEE, *Tasa de divorcio según la durabilidad del matrimonio*, Francia estadísticas, 2014

«Ya cambiará», decía ella. Sí, seguro… Por eso la etapa *de antes del encuentro* es tan importante. Es una etapa que hay que vivirla abiertos a los demás. Aprender a dar gratuitamente; dar por dar, sin más. Ser un excelente amigo de sus amigos, ése es el secreto de la felicidad en el matrimonio. Crear las bases del verdadero amor, que se construirá a partir de una base de **amistad**. Él o ella tendrá que ser nuestro mejor amigo/a, pues nadie en el mundo conocerá mejor al esposo que la esposa y nadie conocerá mejor a la esposa que el esposo.

Lo dicho, para ser feliz en pareja, hay que ser capaz de serlo ¡primero solo!

El matrimonio es DON

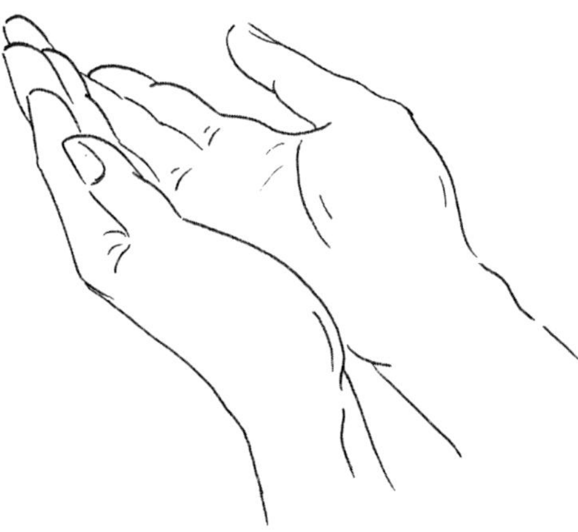

A los jóvenes, me gusta preguntarles si alguna vez han asistido a una boda religiosa y cuál es la frase que más les ha impactado. Sin dudar, la que siempre sale es la de las películas: «Hasta que la muerte nos separe». Pero les coge por sorpresa cuando les digo que esa no es la frase más importante. La frase clave cuando los esposos se dan el consentimiento es: «**Yo te recibo y me doy a ti**».

Matrimonio equivale a **Don**. Darse, y darse de verdad. Cuando hacemos un donativo, damos una parte de nuestro dinero, pero no damos todo nuestro dinero. En cambio, en la relación esponsal, el núcleo y la esencia es el Don total. Darse plenamente, de modo exclusivo, pues a ninguna otra persona nos daremos igual. Compartirlo **Todo**, nuestras alegrías, nuestras penas, nuestros sufrimientos, nuestros proyectos, nuestro tiempo, incluso nuestro cuerpo. «Quien quiere dar amor, debe a su vez recibirlo como Don»[2], dice el Papa Benedicto XVI. Lo que podemos traducir por: amar con todo su corazón y estar dispuesto a recibirlo igual. Es decir, vivir en el matrimonio, el amor incondicional que se vive ya en la propia familia, con los padres y los hermanos.

La certeza de que uno *se encuentra a sí mismo cuando se da*, se ha perdido tanto de vista, que se acaba pensando lo contrario. *Mejor preservarse a sí mismo y no correr riesgos...* dicen muchos hoy. Cuando sabemos que la realidad es al revés: yo descubriré lo que de verdad valgo, dándome generosamente. La vida de los esposos es el terreno en el que se ejerce, todos los días, la verdad de la parábola del grano de trigo que sólo da fruto «cuando cae en tierra y muere» Jn 12, 24.

> **«El verdadero amor es ocuparse del otro y preocuparse por el otro. Ya no se busca a sí mismo, sumirse en la embriaguez de la felicidad, sino que ansía más bien el bien del amado: se convierte en renuncia, está dispuesto al sacrificio».**
>
> Benedicto XVI, Deus Caritas est, n. 6

2. Benedicto XVI, *Deus Caritas est*, n. 7, Carta encíclica, Madrid, Ed. San Pablo, 2006

Casándose, cada uno cesa de vivir para sí mismo. Escoge vivir para el otro. De ahí que tenga que vivir un proceso de «conversión», para que funcione. «Los solteros deben morir para renacer como esposos».[3] Para ello, qué mejor que imitar a Jesús. Considerar las contrariedades y los límites de nuestra media naranja, como ocasiones de amar como Dios nos ama. Esa es la base de la **alteridad.** La pareja está llamada a vivir la comunión entre personas distintas que buscan ser felices el uno con el otro. Y con la ayuda de Dios, van construyendo con sus cualidades, y sus corazones se van compenetrando gracias a sus debilidades.

Como hemos dicho antes, la base de la relación en la pareja es la **amistad**, con lo que el cimiento de la relación entre los esposos será también la amistad, aunque cambia el grado. De una relación de amistad abierta se pasa a una relación exclusiva. Por eso las relaciones que se crean en las páginas de citas casi nunca duran. No hay una base de amistad. No es que quemen las etapas, es que no hay etapas. Todos son pretendientes desde el primer momento. Sin pasar por la fase de descubrir al otro, construir una amistad y dejar que surja el amor. Es querer todo y ¡de inmediato!

La Biblia nos dice: « Un amigo fiel es un refugio seguro, y quien lo encuentra ha encontrado un tesoro. Un amigo fiel no tiene precio y su valor es incalculable. Un amigo fiel es medicina de vida » Eclo, 6, 14-16. Así es, qué felicidad sentimos al compartir, convivir y disfrutar con amigos. Nos resultaría imposible imaginarnos una vida sin amigos. Esta bonita poesía, inspirada de un texto de Victor Hugo, ensalza este gran tesoro que resulta para nosotros la amistad.

3. Jean-Claude et Yolande Bésida, *L'amour Sauvé*, Paris, Ed. Ad Solem, 2014

« La amistad es sombra al caer la tarde,
que crece lenta al fin de nuestra vida;
es voz suave que al alma la persuade
cuando la pena todo lo olvida.

Es mano firme en la tormenta oscura,
mirada clara en noche sin estrellas;
es fiel promesa, limpia y segura,
que alivia el peso de horas que más pesan.

Es luz que alumbra sin hacer ruido,
es puerto abierto en mar embravecido;
es don que el tiempo nunca ha vencido.

Y cuando todo parece incierto,
queda su fuego siempre despierto:
amistad viva, tesoro cierto ».

En la verdadera relación, él/ella será nuestro mejor amigo/a, al que le contemos todo, el que se interese por nosotros, nos escuche y nos consuele. Con la diferencia que aquí, una vez más, el Don tiene que ser total. Qué bonito ver a esposos que se dan totalmente en su relación y ésta pasa por encima de los demás. Del *tú y yo* han pasado al « **nosotros** ». Y qué triste es ver a matrimonios en los que uno, a veces los dos, viven basados en el cálculo, en los que se busca hacer primero su « propia vida », sea profesional, amigos, aficiones… dejando al cónyuge para después, si es que queda tiempo. Parecen un matrimonio, pero en realidad son dos solteros bajo el mismo techo. Un día se casaron, pero no viven como esposos. Es como si alguien se compra un barco, organiza una fiesta para inaugurarlo… se sube, se tomas sus copas y se baja. Y nada más. Ni espíritu marinero, ni paseos en el mar, ni izar las velas, ni experimentar los vientos, ni travesías, ni pescar, ni parrillada… Nada de nada. ¿Para qué entonces querer tener un barco? Lo mismo podemos decir, *¿para qué entonces querer casarse?*

El matrimonio y Dios

Los maestros espirituales nos dirán que, la finalidad del matrimonio es sobrenatural, la finalidad es Dios. Es el único que es Todo-amor y quien nos da el amor necesario para que el matrimonio funcione, dado que, en el fondo, esto va de compartir la vida dos «pobres» bajo su mirada Toda-amante y Toda-poderosa. No es que le pidamos que nos eche una bendición el día de nuestro matrimonio, sino comprender que Él es el iniciador de todo. Él nos «regala», a cada uno, otro ser que nos acompaña en el camino de la vida, y Él quiere también vivirla con nosotros: «La pareja cristiana es un pequeño santuario donde Dios mora y desde donde irradia su luz».[4] Por eso, el día de la boda, el Cielo desciende hasta esta unión y la Santísima Trinidad se instala en el hogar de los esposos. Allí, en el día a día, Dios se servirá de nuestro cónyuge para mostrarnos su amor por nosotros. Será el rostro de Dios para mí.

En Caná de Galilea, en una boda, Jesús hizo su primer milagro y de manera totalmente gratuita. Sí, les faltaba vino, pero no había

4. P. Henri Caffarel, *Cahiers sur l'Amour et la Grâce*, vol II, Paris, Ed. du Feu Nouveau, 1956

enfermos, ni hambrientos, ni nada comparable al resto de milagros. Simplemente faltaba vino. Y a través del vino, Jesús quiso dejarnos el mensaje esencial del matrimonio. Los esposos necesitan amor – vino –, y el que pone el amor en nuestros corazones, el que los transforma – de agua a vino – es Jesús. **Dios lo da todo** por nuestro matrimonio. Él lo pone todo encima del altar. Sellando el matrimonio, Dios quiere darse a nosotros a través de nuestro esposo o esposa. Él siempre estará allí para renovar el amor que se agota. Así, los esposos se amarán no solo porque « es él » o « es ella », sino porque es Dios quien ha confiado el uno al otro.

Pero sabemos que durar en el amor no es un tranquilo camino de rosas. Se logra a base de perdones, reconciliaciones e incluso de alguna crisis que hará crecer el amor. La alianza matrimonial irá atravesando pruebas y saldrá adelante, mientras esté fundada en la misericordia, es decir, en la capacidad de perdonarse el uno al otro. Por eso, en lugar de soñar con el marido perfecto, basta con buscar amar plenamente al que el Señor ha puesto en nuestro camino. Y si aceptamos que no somos ángeles, el matrimonio ya estará medio salvado, puesto que Dios no nos da una vida sin pruebas ni sufrimientos. No nos quita las piedras del camino, nos pide soportarlas y vivirlas como ocasiones de amar más.

El peligro de la seducción

Josefina de Beauharnais, esposa de Napoleón, estaba esperando la llegada de su prometido para la ceremonia de boda, cuando su hermano le pregunta: « ¿De verdad tú amas a este tal Napoleón? » Ella, gran seductora, le confiesa: « Lo que amo es el amor que él tiene por mí ».[5] Con lo que no es de extrañar que, a la primera de cambio, ella le fuera infiel, y él de paso también.

5. Pierre Branda, *Joséphine: La paradoxe du cygne*, Paris, Ed. Perrin, 2016

El peligroso terreno de la seducción, de la raíz latina *seducere*, atraer hacia sí, es captar al otro porque nos apetece, simplemente porque tenemos ganas. Como el que ve una pecera en la tienda y se encapricha con el pez de colorines, lo paga y se lo lleva. Es lo mismo, aunque en un inicio, para seducir o que me seduzcan, esto va de modos de vestir, de perfumes, de horas de peinado... pero al fin y al cabo... el que cuenta soy yo. ¡Quiero gustar y que se interesen por mí! Cuanto más se busca seducir, más se busca su propio ego y sentir el placer de conquistar. Pero... ¿quién va a interesarse por el seductor o la seductora? ¿El príncipe o la princesa tan maravillosa que estamos esperando? ¿Ese amable, bondadoso, respetuoso, sacrificado, generoso, desinteresado...? ¿De verdad? *Preguntémonos qué ponemos en nuestra vitrina y sabremos quién se interesará por nosotros.* Qué diferente es poner su persona toda entera, guste o no guste, que poner su cuerpo, con actitud seductora y con una personalidad que no es la nuestra.

> **«Cuidado con que nadie os envuelva con teorías y con vanas seducciones de tradición humana, fundadas en los elementos del mundo y no en Cristo».** Col 2, 8

Estas reflexiones nos llevan a elogiar el verdadero sentido de la virtud de la castidad. Lejos de una visión negativa, la castidad nos invita a vivir las relaciones con los demás a su justa distancia, sin buscar dominarlos ni poseerlos. Dicho de otro modo, nos impulsa a **abrirnos al otro**, en lugar de centrar nuestras relaciones en nosotros mismos. Así, el otro no se convierte en un medio para satisfacerme, sino que la relación misma se convierte en un camino para salir de mí mismo e ir hacia la otra persona. En definitiva, todos estamos llamados a vivir la castidad, incluso en el matrimonio, sin confundirla con la continencia. Como bien dice San Francisco de Sales: «La castidad hace que el alma sea pura y sencilla, mantiene el espíritu libre y el amor sincero; no restringe el afecto natural, sino que lo ordena y lo guía; conserva la libertad del alma para amar a Dios y al prójimo, sin confusión».[6]

La relación auténtica

Me quedo maravillado cuando veo casos como el de mi vecina Amelia. Con 24 años y muchas ganas de encontrar a su media naranja y casarse… se entera de que a un grupo Scout de 12 de niños, que está a 48 kms de su casa, le falta un responsable. Ella, con gran espíritu de servicio, de generosidad y de don, dejando la pereza de lado, decide proponerse como voluntaria. Su gesto va dirigido a los 12 niños, pero Dios, que no se deja ganar en generosidad… le tiene preparada una sorpresa. El día de la reunión de voluntarios conoce a Pablo. Flechazo inmediato y al año están casados. No necesitaron más tiempo de noviazgo, pues el «antes» lo habían vivido bien, creciendo en el Don y en la generosidad, sin un ápice de seducción. Hasta que un día experimentan «el encuentro» y se manifiestan el uno al otro. No tienen ninguna duda: «es él», «es ella».

Antes del encuentro, tomemos ya una profunda actitud de Don, empezando por la familia y los amigos. Por eso el lema actual: «ante todo, ¡disfruta!» que parece tan inofensivo, en realidad es contrario al camino interior que te lleva al esfuerzo y a la renuncia de sí mismo para darse al otro. Aquí se trata de querer a los demás gratis, por lo que son, sin esperar nada a cambio. No son instrumentos de mi felicidad, ni objetos de mi egoísmo. El centro no soy yo, es el otro. Y cuando hago algo por mí, no es para alimentar mi ego, es para realizarme y ser una persona mejor, para luego compartirlo y dárselo a

6. San Francisco de Sales, *Introducción a la vida devota*, Libro III, Madrid, Ed. Palabra, 2014

los demás. Más adelante, el programa de los esposos ¿cuál será? ¿El yo primero? No. Será el programa de: «Que se niegue a sí mismo, tome su cruz y me siga» Mt 16, 24. El programa de hacerse Jesús para su marido y hacerse Jesús para su mujer. Nada que ver. «Hijos míos, no amemos de palabra y de boca, sino de verdad y con obras» 1 Jn 3, 18. Eso Sí es amarse de verdad. Y si me toca un cónyuge difícil, si lo veo como un regalo de Dios, será la ocasión de crecer en la paciencia. Para eso, hay que amar sin condiciones. Es decir, no quererle «si…», sino simplemente quererle y punto.

Como tan bien lo cuentan Jean-Claude y Yolande Bésida, en su libro *El amor salvado*, «El matrimonio es como lanzarse en kayak a un torrente impetuoso que se baja, rápidos incluidos, de una sola vez. Viaje sin regreso, que pasa volando. El reto del trayecto es: pasar de la familia de la que se viene a la que se crea, y de la familia de la tierra a la del Cielo».[7]

Ante tal reto, no hay nada mejor, para un joven que quiera preparar su corazón antes de conocer a la persona de su vida a la que tendrá que darle **Todo**, que dar meses o incluso un año o más, como voluntario. Es la mejor preparación matrimonial que se puede hacer. Irse a ayudar fuera, si es posible lejos, conocer otra realidad, **conocerse a sí mismo** y darlo todo sin esperar nada a cambio. Eso sí es preparar el regalo que seremos nosotros para el otro y que un día le entregaremos.

En definitiva, *preguntémonos cuánto nos damos ahora y sabremos cuánto nos daremos después en el matrimonio.* Miremos qué tipo de jóvenes somos hoy y sabremos qué esposo o esposa seremos mañana. Y cuestionémonos: *¿actuamos con la alegría de amar o con el miedo de no ser amado?* Pero sin dramatizar,

7. Jean-Claude et Yolande Bésida, *L'amour Sauvé*, p. 30

pues la vida conyugal es un largo camino que sirve para ensanchar el corazón de los esposos. Mientras no se contenten con el estatus confortable de « novios eternos », dos jóvenes que se casan, con poco o mucho egoísmo al inicio, se van transformando en esposos y padres cada vez más generosos. Y para ello, el secreto es la oración. Es fundamental. Es el camino por el que Dios trabaja el corazón sin que uno se dé cuenta. Como dice el fundador de los equipos Nuestra Señora: « El hogar cristiano debe ser un hogar de luz, calor y paz, donde Dios se sienta en su casa ».[8] Lo veremos puesto en práctica más adelante con el ejemplo de Chiara y Enrico Petrillo. De dos jóvenes egoístas enamorados, que pasaban el tiempo enfadados, llegaron a ser esposos felices, llenos de Dios, y ella ya está camino de los altares.

Otra que también está camino de la beatificación es Zita de Borbón-Parma, quien amaba con locura a su marido, el ya beato emperador Carlos de Habsburgo, beatificado[9] por Juan Pablo II. Él le dijo a ella antes de morir de una pulmonía fulminante: « Te amo infinitamente. Nos encontraremos en el corazón de Jesús ».[10] El amor que sentían, era un amor « cimentado sobre roca » Mt 7, 25. Y eso que alrededor suyo todo fueron pruebas y persecuciones, hasta acabar en el exilio y la escasez, rallando la pobreza. Pero al mismo tiempo su amor crecía y crecía, nunca dejó de crecer. No necesitaban lujos ni vanidades, su felicidad era simplemente estar los dos juntos. « Lo que más me marcó, dijo su hijo Otto, era el gran amor que se tenían. Su apoyo mutuo e incondicional, así como su profunda fe en la Providencia divina ».[11]

---

8. P. Henri Caffarel, Editorial de la revista l'Anneau d'Or, 1965
9. El día de la beatificación, el Santo Padre le contó a Zita que sus padres le habían llamado Karol, en homenaje a su marido.
10. Jean Sévillia, *Zita, impératrice courage*, Paris, Ed. Perrin, 1997
11. *Ibid.*

El emperador Carlos, tras fallecer a los 35 años, fue enterrado en la isla portuguesa de Madeira. Ella, incapaz de estar separada de su marido, se llevó en un cofre, de país en país y de casa en casa, su mayor tesoro: el corazón de su marido. Sesenta y siete años exactos después del fallecimiento de su esposo, el funeral de Zita se celebró en Viena ante una gran multitud. El maestro de ceremonias, frente al féretro marcado por la corona imperial, llamó tres veces a la puerta del convento de los Capuchinos donde debía ser enterrada. El Hermano portero contestó:

– ¿Quién pide permiso para entrar?

Zita, emperadora de Austria, reina coronada de Hungría, reina de Bohemia, de Dalmacia, de Croacia, de Eslovenia, de Lodemeria e Iliria, reina de Jerusalén…

– No la conozco.

Por segunda vez, el maestro de ceremonias llamó a la puerta.

– ¿Quién pide permiso para entrar?

Zita, su majestad, emperadora y reina.

– No la conocemos.

Y una tercera vez.

– ¿Quién pide permiso para entrar?

Zita, ser pecador y mortal.

– Que entre.[12]

12. *Ibid.*, p. 37

Este ejemplo nos muestra el camino a seguir: el de la humildad ante todo y la conciencia de ser hijos de Dios. El emperador Carlos I de Austria fue proclamado beato en Roma por San Juan Pablo II el 3 de octubre de 2004, en presencia de sus hijos, nietos y bisnietos, así como de varios monarcas, entre ellos Fabiola, reina de Bélgica. La fecha elegida para conmemorar su memoria fue el 21 de octubre, aniversario de su matrimonio. La causa de beatificación de la emperatriz Zita se abrió oficialmente el 10 de diciembre de 2009.

Para acabar este capítulo, pidamos con esta oración la ayuda necesaria para tener la actitud justa hacia los demás y hacia el que será nuestro futuro esposo o esposa.

« Señor, renuncio al espíritu de seducción,
de lujuria y de dominación sobre los demás.
Dame un espíritu generoso, libre y puro.

Por la intercesión del Glorioso Arcángel Rafael,
gran príncipe de la corte celestial,
ilustre por los dones de la sabiduría y la gracia,
consuelo de los afligidos y refugio de los pecadores,
te suplico que me asistas en todas mis necesidades
y penas de esta vida, como sustentaste al joven Tobías
en sus peregrinaciones.

Puesto que eres el remedio de Dios,
te suplico humildemente que cures mi alma
de sus numerosas enfermedades
y mi cuerpo de los males que lo afligen.
Te pido en particular una pureza angelical
para merecer así ser el templo vivo del Espíritu Santo.
Amén ».

II

¿EXISTE DE VERDAD ALGUIEN PARA MÍ?

«Buscaba al amor de mi alma; lo busqué y no lo encontré. Me levantaré y recorreré la ciudad; por las calles y las plazas, buscaré al amor de mi alma. Lo busqué y no lo encontré... Apenas lo pasé, encontré al amor de mi alma. Lo abracé y no lo solté». Cant 3, 1-4

Es valiente afirmar que existe probablemente una persona que nos está destinada, lo reconozco. Como también lo es lo que nos enseña el Catecismo de la Iglesia Católica en el número 303: «El testimonio de la Escritura es unánime: la solicitud de la Divina Providencia es concreta e inmediata; tiene cuidado de todo, de las cosas más pequeñas hasta los grandes acontecimientos del mundo y de la historia». Con lo cual, si

Dios tiene «cuidado de todo» y si como nos dice el Evangelio «hasta los cabellos de vuestra cabeza están todos contados» Lc 12,7, algo tan importante como encontrar a la persona con la que compartir mi vida y fundar una familia ¿no va a formar parte de su Providencia? ¿No va entrar en el «cuidado de todo» por parte de Dios? ¿Estaría bajo su voluntad tener todo lo necesario para que cumplamos nuestra misión en la tierra, excepto encontrar a la persona determinante para el resto de nuestros días? Una vocación religiosa, Sí, estaría guiada por la Providencia, hasta dar con el lugar extacto donde vivir esta vocación... ¿En cambio el matrimonio No? ¿Eso quedaría al azar? ¿O en el caso del encuentro de María y José, Sí? ¿Y en el caso de los padres de grandes personajes de la Historia que tanto han aportado a la humanidad como Santa Juana de Arco, Santo Tomás de Aquino, Carlomagno, Cervantes, Mozart, Shakespeare, Santa Teresa de Jesús, Einstein..., Sí y en mi caso ¿No? Entonces, ¿existo yo por azar puesto que mis padres se encontraron por azar y al final Dios no ha tenido más remedio que crearme?

La Biblia dice: «Antes de formarte en el vientre, te elegí; antes de que salieras del seno materno, te consagré» Jer 1,5. Jesús le dice a Santa Faustina: «Antes de crear el mundo, te amaba con el amor que ahora experimenta tu corazón»[1] y también... «Todas las creaturas, lo sepan o no, lo quieran o no, cumplen siempre mi voluntad».[2] Y si todavía quedan dudas, esto es lo que le dijo el Arcángel Rafael a Tobías antes de conocer a su futura esposa:

«No temas, porque está destinada para ti desde la eternidad»

Tb 6, 18

1. Santa Faustina Kowalska, Diario de Faustina Kowalska, nº 1753 Marian Press, 2005
2. Santa Faustina Kowalska, Diario de Faustina Kowalska, nº 585 Marian Press, 2005

De modo que siempre he pensado que no es posibe la hipótesis que el encuentro sea un simple fruto del azar. Todo parece indicar que la Providencia actúa en el encuentro de mi escogido/a. Y como prueba de ello, recordemos la voz que Celia oyó claramente en su interior al cruzarse con el desconocido Luis, en el puente de Alençon:

« Este es el que he preparado para ti »

Con estas palabras constatamos que, por un lado, su futuro esposo le fue designado por el Cielo y, por otro lado, se le revela que desde hace mucho tiempo estaba en « preparación » para ella. ¡Era él y ningún otro!

Los santos Celia y Luis Martin fueron declarados santos por la Iglesia como matrimonio. En la que fue su habitación se construyó una capilla donde sigue estando su cama y la cuna. Es ahí, en ese lugar, donde concibieron a nueve hijos y donde nació la futura Doctora de la Iglesia, Sta. Teresita de Lisieux. Un dormitorio matrimonial, donde ahora se celebran misas y vienen muchos peregrinos a rezar, lo que demuestra la importancia que da la Santa Iglesia a la vocación matrimonial. También hay otros matrimonios santos o beatos, como Luigi y Maria Beltrame Quatrocchi, pronto los Habsburgo, los Nagai, los Rugamba, los Ortiz de Zárate y más que irán llegando.

Si aceptamos, que existe o puede existir mi media naranja, según las palabras que oyó Celia en su corazón… entonces eso quiere decir que ahora mismo, en este instante en que estás leyendo esta página, él o ella está en alguna parte. Quizá esté rezando, estudiando, paseando, haciendo deporte, durmiendo… Quizá esté pensando en ti, anhelando conocerte. Quizá viva en tu ciudad o a cientos de kilómetros, o en el extranjero. Quizá ni habla aún tu misma lengua, y un día te escribirá cartas de amor... Si realmente hay una media naranja, es que existe. Como le pasó a la misma Celia, al rey Balduino y también a Amelia.

Entonces, si existe… ¿hay que buscarla? ¿La tendré al lado y no me he enterado? ¿Será mi vecino del quinto o mi compañero de clase o de trabajo y yo aquí perdiendo el tiempo? No. Como veremos más adelante, es un «**encuentro**». Y será un misterioso encuentro de atracción que sentiremos hacia esta persona. No nos sentiremos atraídos por cualquiera. Con lo que no sirve de mucho hacer esfuerzos por buscar y analizar a todas las personas que conocemos. La psicología nos dice que el subconsciente jugará un papel muy importante, pues buscará a una persona que, sin darnos cuenta, podrá colmar algunas de nuestras necesidades interiores. Es lo que Karl Jung define como la *proyección*.[3] Si yo he tenido una madre extraordinaria, cariñosa y llena de bondad, mi subconsciente buscará a alguien que se le parezca. Pero si, al contrario, ha sido una madre posesiva y agobiante, yo buscaré, sin darme cuenta, alguien que me dé libertad. Si he tenido un padre cariñoso y cercano, no me sentiré atraído por alguien frío, en cambio si mi padre ha sido duro y severo, me gustará alguien comprensivo y bondadoso.

También la biología entra en juego. Mi cerebro analizará ciertas informaciones y dará luz verde. Estudiará la información recibida por la vista y sobre todo el olfato, como lo confirman varios estudios[4], para considerar si es o no la buena persona con la que asegurar la reproducción de la especie. Como vemos, hay poco azar en todo esto.

3. Carl Jung, *Psicología del Inconsciente*, Madrid, Ed. Tus decretos, 2024
4. Mehmet K Mahmut, Ilona Croy, *The role of body odors and olfactory ability in the initiation, maintenance and breakdown of romantic relationships*, A review, Chemical Senses, Oxford University Press, 2019

El enamoramiento y las hormonas

Cuando llega el enamoramiento, las hormonas entran en juego. A medida que las personas se conocen y se atraen, se dispara la adrenalina. Concretamente, aparece la feniletilamina, que también encontramos en el chocolate, y que genera un efecto eufórico, provocado por la dopamina. Sólo se ve a la otra persona desde el lado positivo. Sus defectos, o no los vemos o no nos molestan. Es la «Vie en rose», como la canción de Edith Piaf. Todo maravilloso y feliz. Estamos en una nube y creemos que será siempre así. Pero las hormonas tienen fecha de caducidad. Máximo dos años, ni un día más. Después, se baja del cielo para volver a la tierra. Y todo lo que antes era fácil, ahora ya no lo es, pide esfuerzo. Los defectos del otro ahora sí nos molestan. Queremos que el otro cambie, empezamos a querer forzar, a tener que negociar y a perder la paciencia. Es ahí donde de verdad empieza lo bueno.

Al inicio, como vemos, hay enamoramiento, pero el amor como tal, es otra cosa. De hecho, queremos profundamente a nuestros padres y familiares, sin estar enamorados de ellos. Es decir que, tras el enamoramiento, viene el amor verdadero, a no ser que hagamos como algunos que van saltando de enamoramiento en enamoramiento, como de flor en flor. Con voluntad, y la ayuda de Dios, nuestra pareja se construirá y entonces el amor crecerá. Aunque al inicio será un amor con a minúscula. Pero ahí está el reto, llegar al Amor con A mayúscula. Dejar espacio al deseo de amar, sostenido por el amor de Dios, que se obtiene del sacramento del matrimonio. Amar al otro, aunque cueste, aunque a veces no apetezca, aunque moleste. Sacar los remos cuando nuestro velero esté sin viento. Pues a veces lo habrá y a veces no.

El encuentro: ¿flechazo?

Entramos en la zona del misterio. Con una buena base, una buena dosis de autoestima, la actitud sana de donación hacia el otro y buscando enriquecerse para ser mejor persona y así ser capaz de construir más adelante el «**nosotros**»... llegará un día en el que nos sentiremos profundamente atraídos por una persona, que misteriosamente también se sentirá profundamente atraída por nosotros. Es el «**encuentro**». Algo que nos sobrepasa. Algo que nunca habíamos experimentado, como le sucede a la mujer que da a luz por primera vez. Se trata de dos seres que se atraen, que intercambian miradas que lo dicen todo y un corazón que parece que va a explotar. Eso sí, hay que repetirlo: si se ha vivido bien el «antes», sin actitud seductora. El que ha acumulado más aventuras que Casanova, nos dirá que esto lo vive cada sábado noche en las discotecas... Pero no, aquí hablamos de otra cosa, algo que se experimenta una vez.

¿Será seguro un flechazo? Depende de la psicología de cada uno. Cuanta más emotividad, más posibilidades. En algunos casos sí será flechazo, en otros será más suave. Se instala una amistad que se va transformando, poco a poco en exclusiva, hasta buscar estar siempre con la otra persona. Nuestro corazón, casi sin enterarnos, tiene ya un inquilino serio y por nada del mundo queremos que la cosa se quede ahí.

Veamos este ejemplo de Anne-Dauphine, una chica francesa de 25 años que se había preservado, había vivido bien el antes, pero a medida que pasaba el tiempo, se preguntaba si algún día le llegaría su turno, y eso que ella no creía demasiado en el príncipe azul:

> «Tengo una cita con un hombre que me conoce y me quiere tal cual soy. Un hombre al que no puedo ocultar nada. Un hombre con el que comparto penas y alegrías, Loïc. El hombre de mi vida desde hace trece años. Y por mucho tiempo más.
>
> Vuelvo a aquella noche. Una de las más cortas del año, una de las más densas también: la víspera del solsticio de verano. Una noche mágica que comienza con una fiesta. Damien, un amigo de la infancia, había organizado una gran velada, sin otro motivo que el placer de reunirnos a todos antes de la trashumancia estival. Ha invitado a los habituales, los inseparables, los incondicionales y a otros que no conozco. Esa noche de junio todos somos jóvenes, despreocupados y felices.
>
> La fiesta transcurre de maravilla. Tengo veinticinco años, mi vida es tan ligera como mi paso, bailo, bailo y bailo. Hasta aturdirme. Casi sin aliento, con las mejillas arreboladas, salgo de la casa, en plena efervescencia, buscando el fresco del jardín. Fuera todo está tranquilo. Unos cuantos charlan alrededor de las mesas iluminadas

por farolillos de colores. Tomo asiento sola, un poco apartada, para saborear un momento de calma. Hasta mí llegan amortiguados los ecos de las conversaciones, interrumpidos por las carcajadas.

Tres amigos se acercan, seguidos de un joven al que no conozco. Me cuentan su reciente estancia en Italia. Yo hubiese ido también, si no fuera porque una serie de imprevistos decidieron lo contrario. La conversación me fastidia un poco. Tomo parte en ella con un punto de resquemor. Sentado a nuestra mesa, el desconocido no parece prestar atención a nuestra conversación. Y sin embargo le escucho decir:

– ¿Te gustaría ir a Italia?

– Me encantaría.

– Algún día te llevaré.

El diálogo se detiene allí. No ha dicho más que una frase, pero la cabeza me da vueltas y el corazón me late con fuerza. Olvido los ruidos de la fiesta y el tañido de las flautas, las conversaciones a mi alrededor y la suavidad de la noche, la luna llena y las estrellas centelleantes. Lo único que importa es esa mirada incandescente, desconocida hasta entonces, que se clava en mí bajo el manto de la noche y de la que no puedo apartarme. En ese instante, en el poco tiempo que tarda un arco en destensarse y lanzar una flecha, sé que seguiré ese hombre hasta el fin del mundo.

Fue indiscutiblemente, lo que llaman un flechazo. Y me sucedió a mí, que no creía en esas cosas; o que al menos las tildaba de sandeces. No veía en ello más que la versión romántica de un encuentro, que solo servía para alimentar los cuentos de hadas y hacer soñar a las chicas sentimentales. Tampoco creía en los príncipes azules, demasiado perfectos para ser reales. Y sin embargo... solo hizo falta una mirada para que Loïc conquistara mi corazón. El suyo tampoco se resistió mucho tiempo.

Este amor debía durar para siempre. Porque era compartido, porque era auténtico, porque era evidente. Porque era necesario. Llevados por esta certeza y enamorados, unimos nuestras vidas ante el altar, apenas un año después de nuestro primer encuentro».[5]

¡Qué bonito! Encuentros como este, gracias a Dios, hay muchos. En una cena, en una fiesta, donde sea. Dos personas que se cruzan, se miran, y se atraen una hacia la otra al instante. Y de repente, todo se centra en esa persona. Sólo piensan en volverse a ver, en saber más del otro, en conocerse más. Los planes previstos para el verano, la posible mudanza… todo se pone entre paréntesis. Él o ella se convierten en una prioridad. La familia nota que nos pasa algo. Sobre todo, las madres. A ellas no se les escapa nada. Ven algo nuevo, nuestros ojos brillan como nunca. De golpe, estamos siempre sonrientes y contentos. Es sospechoso. Vamos mejor vestidos, más peinados y más perfumados que nunca. Aunque queramos que nadie sepa lo que se está cociendo… todos han notado, desde el primer minuto, que algo pasa. Hasta el día que decidimos contárselo a los nuestros, que por supuesto, fingirán que para ellos es… una sorpresa.

Nuestros padres, hermanos, familiares y todos los que nos quieren, querrán conocerle/la. La mirarán y la estudiarán de arriba abajo para saber si es la persona que nos conviene. Estarán muy contentos por nosotros. Y según la edad, el tema de la boda no tardará en salir. Es ahí cuando para nosotros llegará el momento

5. Anne-Dauphine Julliand, *Un día especial*, Madrid, Ed. Palabra, 2014

de la verdad. El momento de la decisión. ¿Es de verdad esta persona? Aunque el corazón dice sí, la razón quiere estar segura.

En el próximo capítulo, veremos cómo discernir y reconocer si se trata o no del hombre o la mujer de nuestra vida. El alma gemela tan esperada, con la que soñamos entregarnos y acogernos mutuamente. Ya sea nuestro novio de siempre, con el que aún no nos atrevemos a dar el paso, o una persona que conoceremos más adelante. Ahí van estas siete características «determinantes» para acompañar el discernimiento.

III

¿ES ÉL? ¿ES ELLA?

«No temas, porque está destinada para ti desde la eternidad. Tú la salvarás y ella se irá contigo. Estoy seguro de que te dará unos hijos que serán como hermanos para ti. No te preocupes». Tb 6, 18-19

1. Confianza total

Experimento hacia esta persona una confianza total. Algo que nunca había experimentado antes con otras personas, excepto con los de mi propia familia, mis padres, mis hermanos, mis abuelos... Sé que, a esta persona, aunque la conozca desde hace poco tiempo, le puedo abrir mi corazón, se lo puedo contar todo. Nunca me traicionará. Hacerme daño a mí, sería como hacerse daño a sí misma. Incluso, si antes de la boda me surgiese una enfermedad grave o tuviese un accidente de consecuencias irreversibles, sé que esta persona no me abandonaría. Sé que nunca lo haría. Esta persona es para mí como otro yo. « El hombre descubre en la mujer como un otro « yo », de la misma humanidad ».[1] Este sentimiento de cercanía y de confianza total que nunca había experimentado antes, hace que sólo me interese esta persona. Puedo renunciar a todos los hombres o mujeres que hay en la tierra, sin necesidad de comparar. Mi corazón me dice… ¡ya la he encontrado!

Recuerdo el caso de Inés. Una bella mujer francesa que lo tenía todo listo para casarse con un guapo pretendiente. Él le decía cada día cuánto la quería y le agasajaba con regalos… Tenía unos padres que querían regalar a su hija la boda más bonita, por supuesto en uno de los Castillos del Loira. Pero un buen día, Inés decide escuchar a su corazón. Siente que, desde el inicio, hay algo que no funciona. Más valiente que Juana de Arco, a un mes de la boda, con todo preparado, y mientras ya empezaban a llegar los regalos… decide romper con él. Esta historia me la contó ella misma al final de una conferencia. « En cuanto he oído tu primer criterio, he identificado por qué exactamente rompí con mi prometido. En el fondo… no me inspiraba confianza. Me decía que me quería y me regalaba joyas, pero… yo sabía que no me podía fiar de él y algún día me la jugaría ». Diez años después, Inés encontró a su media naranja en una peregrinación a Medjugorje. Al inicio, no quería ir, pero Dios sabía por qué ella debía viajar allí. A los seis meses estaba casada. Feliz.

---

1. *Catecismo de la Iglesia Católica*, n.371, Roma, Ed. Libreria Editrice Vaticana 2001

2. Ser yo mismo

A esta persona que tanto me atrae, no necesito impresionarla, ni jugar un papel figurando ser lo que no soy. No hacen falta máscaras. Es decir, no necesito renunciar a lo que de verdad soy para que la relación funcione. Ella me quiere **por lo que soy**, con mis virtudes y mis defectos. También con mis miedos, mis facetas insoportables, mis momentos de crisis... No tengo nada que ocultar. Me quiere con todo el «pack», con lo bueno y lo menos bueno. Le atraigo y quiere a mi persona toda entera. Hasta el punto que si su atracción hacia mí no fuese recíproca,

ella no diría «me voy con la música a otra parte», sino que me seguiría esperando, pues está enamorada de mí y de ningún otro, independientemente de si es recíproco o no. En ocasiones es lo que sucede, que uno está preparado pero el otro todavía no. Como le sucedió a Elisabeth, que se casó con el hijo de su madrina. Se conocían desde pequeños, en la adolescencia se cruzaron alguna vez, sin más. Hasta que a los 27 años coincidieron en una cena entre amigos. Estaban maravillados el uno por el otro, de lo bien que habían evolucionado, de ver al adulto hecho y derecho que tenían delante, de observar la belleza y la profundidad de sus almas. Se instaló una bonita amistad que fue evolucionando… y al año y medio estaban ya casados.

Qué hermosos los testamentos de los beatos Luigi y María Beltrame Quatrocchi, que retratan su plena realización con y gracias a su amado/a. Todo un ejemplo. Ellos han vivido lo que todos estamos llamados a vivir. «Espero la muerte con el dolor de tener que separarme de mi amada María, a quien estoy inmensa y eternamente agradecido por todo el bien que me ha hecho. También a mis queridos hijos, con la esperanza de que todos nos volveremos a encontrar, cuando Dios quiera, reunidos en el Cielo». Su esposa María escribirá años más tarde: «Teníamos todo en común, vivíamos un intercambio de valores reales y afectivos, con una vida única, hecha de las mismas aspiraciones y los mismos objetivos, en el **respeto mutuo** y un amor inmenso. Cada momento de conversación, de intercambio, de atención mutua y de cercanía, tenía un sabor nuevo. En medio siglo de vida juntos, puedo asegurarlo, nunca tuvimos un momento de aburrimiento, de saciedad o de cansancio. Después de su muerte, sentí a Luigi más cerca. Ahora me acompaña especialmente en la oración y en la comunión ante el altar. Se revela a mí, en Dios».[2]

En la ceremonia de beatificación de Luigi y Maria, el Papa Juan Pablo II dijo: «Estos esposos vivieron el amor conyugal y

2. Attilio Danese, Giulia-Paola Di Nicola, *Une auréole pour deux : Maria et Luigi Beltrame Quattrocchi*, Paris, Ed. del Emmanuel, 2004

el servicio de la vida a la luz del Evangelio, con gran intensidad humana».[3] Su fiesta se fijó el 25 de noviembre, fecha de su boda.

3. Desear compartir un proyecto de vida

Deseo crear un verdadero proyecto de vida y quiero que sea con él o con ella. Veo nuestra relación como el inicio de algo más grande. Estamos juntos para construir algo, no solo para mirarnos a los ojos. Quiero crear una familia con mi media naranja y que sea el padre o la madre de mis hijos. Que mis hijos se le parezcan. Y sé que será un buen padre o una buena madre, a quien podré confiarle los seres que Dios nos confíe a nosotros.

Esto le contestó Santa Gianna Molla a Pietro cuando le pidió casarse: «Te amo y **quiero entregarme a ti** para formar una familia verdaderamente cristiana». Ella encargó a la modista un vestido de

3. *Ibid.*

novia de manga larga, con la esperanza de convertirlo algún día en una casulla si uno de sus hijos se hacía sacerdote. «Cuando Gianna entró en la iglesia, todo el mundo empezó a aplaudir. Fue tan fuerte que me dio escalofríos. A partir de ese momento, recuerda Pietro, comenzó la plenitud de nuestra nueva vida. Toda una serie de días de alegría indescriptible y de serenidad luminosa, de preocupaciones y sufrimientos, hasta la mañana de ese sábado en que te vi subir al Cielo».[4]

Desgraciadamente, muchos jóvenes andan tonteando para que los quieran, van de flor en flor y en realidad ni tienen un proyecto detrás, ni nada de nada. Sólo pasárselo bien, jugando con los sentimientos. Incluso los hay que se asustan, imaginándose con la pareja de turno, como el padre o madre de sus hijos. Preguntémonos: *¿qué hacemos entonces con esta persona?* Pues en el fondo sabemos que no es la buena. Recuerdo el caso de Isabel que, tras salir de la tienda y haberse probado el vestido de boda, su madre le propone sentarse en una terraza a tomar un café. Ay las madres que lo ven todo… Entre sorbo y sorbo, la madre, que lo tenía bien preparado, le pregunta «¿De verdad te ves con él en un proyecto para toda la vida? ¿Es el esposo y padre de tus hijos que ves a tu lado para siempre?» La hija no contesta. Empieza a temblar y se le asoman unos lagrimones… aquello no va a ver quién lo pare… El chico es un amor, bienintencionado, dulce, cariñoso y más bueno que el pan. Pero no es su estilo. Ella tenía tantas ganas de casarse que accedió ante el pretendiente que más o menos podía dar el pego. Pero no. Uno no se casa por defecto, porque quiera el proyecto antes que al esposo. Tras el café, Isabel toma su decisión. Vuelven a la tienda y lo anulan todo. Tres años después llegó el verdadero amor. No dudó ni un instante. Pero ni uno. Al año estaban casados y tienen ya dos hijos.

4. Raphaëlle Simon, *Couples de feu et de foi*, Paris, Ed. del Emmanuel, 2020

4. Es la prioridad en mi vida

Mi matrimonio es lo primero. Mi cónyuge es mi amor, mi confidente, mi apoyo, mi media naranja… Él está por encima de mis padres y de mi familia, «Por eso deja el hombre a su padre y a su madre y se une a su mujer» Gn 2, 24. También está por encima de mi trabajo, de mis amigos y de mi casa de vacaciones de la niñez, la de toda la vida. Y por supuesto está por encima de mis hermanas y hermanos. Ellos, a los que quiero tanto y con los que he compartido tanto, pero que ahora deben pasar a un segundo plano. Qué pena ver a esposos que no han soltado las amarras. Sí, se han comprado el barco y quieren hacer sus travesías… pero no, sigue en el muelle.

En la balanza acaba pesando más el pasado, que el futuro. *Ni hablar de renunciar a las vacaciones con mi familia, pues así ha sido siempre. Si tú no quieres venir, ¡no vengas!,* se oye a veces. Qué triste estar casado y hacer pasar al cónyuge a un plano secundario, cuando debería ser la prioridad.

En cambio, qué bonito los matrimonios que en la balanza siempre pesan más. Si hay que mudarse de ciudad, de región o de país, pues ¡adelante! Y si hay que hacerlo cada poco, como los militares, también. Ni el padre, ni la madre, ni la tía, ni la hermana, ni el primo, están por encima, ni tampoco en medio. Y qué bonito cuando familiares, pensando en el bien de los esposos les dicen: « Iros, lo vuestro es lo primero, tenéis que vivir vuestra vida ».

Veamos estos extractos de las cartas[5] que se mandaban los santos esposos Celia y Luis Martin, bastantes años después de casarse, cuando ya las hormonas del primer enamoramiento estaban bien lejos. No hay ninguna duda de que entre ellos sólo había una prioridad: el « **nosotros** ».

> « Mi querido Luis:
> Esta mañana he recibido tu carta, que esperaba con gran impaciencia. Te doy un beso con todo mi corazón. Hoy estoy tan feliz pensando en volver a verte que no puedo trabajar.
> Tu esposa, que te ama más que a su vida ». Mayo 1869

> « Querida amiga:
>
> No podré llegar a Alençon hasta el lunes. El tiempo se me hace largo, estoy deseando estar a tu lado.

5. Santos Celia y Luis Martin, *Correspondencia Familiar,* Madrid, Ed. del Monte Carmelo, 2009

No hace falta que te diga que tu carta me ha hecho mucha ilusión. He tenido la suerte de comulgar en Notre-Dame des Victoires, que es como un pequeño paraíso terrenal. También he encendido una vela por toda la familia.

Os abrazo a todos con todo mi corazón, esperando la felicidad de estar reunidos. Espero que Marie y Pauline se porten bien.

Tu marido y verdadero amigo, que te ama para toda la vida». 8 octubre 1863

«Mi querido Luis:

Llegamos ayer por la tarde, a las cuatro y media. Mi hermano nos esperaba en la estación y se alegró mucho de vernos. Él y su mujer están haciendo todo lo posible para entretenernos. Pero yo soy muy difícil de entretener. ¡No me interesa nada de todo eso! Soy como los peces que sacas del agua, ya no están en su elemento, ¡están condenados a perecer! Me pasaría lo mismo si mi estancia se prolongara mucho. Me siento incómoda, no estoy en mi lugar, lo que influye en mi estado físico y casi me pone enferma. Sin embargo, razono y trato de reponerme.

Te sigo todo el día con mi pensamiento, me digo: «ahora estará haciendo tal cosa». Estoy deseando estar contigo, mi querido Luis. Te quiero con todo mi corazón, y siento que mi afecto se multiplica por la privación que sufro al estar lejos de ti. Me sería imposible vivir lejos de ti. Intentaré escribirte mañana, si es posible. Volveremos el miércoles por la noche, a las siete y media. ¡Qué largo se me hace! Las niñas me piden que te diga que están muy contentas de haber venido a Lisieux y te mandan muchos besos.

Te beso como te quiero». 31 agosto 1873

5. Me siento libre y me enriquece como persona

Desde el inicio de la relación y, cuanto más estoy con ella, más crezco como persona. Me hace ser mejor. Los míos me ven feliz, alegre, contento, sonriente y sobre todo abierto. Se nos ve bien y cada vez más felices. Nada de relaciones tristes, enfermizas, sofocantes, posesivas y poco a poco destructivas. Mi media naranja me hace ser mejor. Crezco como persona dentro de la relación y también fuera. Se me ve realizado. De no ser así, en el matrimonio, lo malo se acentúa y se acaba buscando compensarlo, normalmente fuera de la familia: en amistades o incluso en infidelidades.

La libertad es esencial dentro de la pareja y del matrimonio. Se es **libre**, pero orientado al **compromiso**. Es libertad para realizarse, pero priorizando la relación. Para ser más yo y aportar más al «nosotros». Sin confundirse, pues el matrimonio no son dos personas en un mismo barco, sino dos barcos que salen a faenar y se encuentran de vuelta en el puerto al final del día. Cada uno tiene que vivir lo suyo, sea en lo profesional, en lo social, en lo personal… Siempre y cuando esté orientado a nuestro bien y dirigido al bien del matrimonio. Qué bonito ver que el marido toca la guitarra con los amigos y ella acude de vez en cuando a escucharle. Ella adora los paseos por el campo y él le acompaña a menudo. Si cada uno se siente libre, aportará con gusto. Eso sí, tiene que aportar. No vale uno sí y el otro no. Pero si no hay libertad, habrá tensión, y poco a poco llegarán los conflictos.

« Fabiola es tan cariñosa que me calienta el corazón. Su presencia silenciosa y activa, me llena de inmensa alegría. Dios mío, cómo me has mimado », decía el rey Balduino. « Jesús, te doy gracias por haber hecho crecer en mí un inmenso amor por mi esposa. Te doy gracias por haberme dado una esposa que me ama por encima de todo ». Unos días antes de su muerte, dirá: « Amo a Fabiola cada vez más, qué gracia es ella para mí ».[6]

6. Relaciones íntimas

Por supuesto que, si es él o es ella, nacerá el deseo de darse plenamente en la intimidad. Vivir la unidad del cuerpo. Una manera íntima y exclusiva de vivir la comunión de personas. Donde cada uno se da y recibe. Donde se experimenta físicamente los momentos de comunión más intensos que se pueden vivir en esta tierra. Tal es el sello querido por el Creador para expresar el amor entre un hombre y una mujer: expresar concretamente la **comunión** de personas y **hacer visible el amor invisible.** « Por eso el lecho conyugal es un espacio sagrado, donde los esposos « ofician » su ministerio, su liturgia de comunión de amor ».[7] La unión de cuerpos es el corazón latiente del matrimonio, la encarnación y máxima expresión de la donación mutua. Es una fuente para hacer crecer el amor.

« Esos momentos de intimidad no son paréntesis extravagantes del día a día, sino que son la base para vivir el resto. Son un espacio

6. Card. Joseph Suenens, *El rey Balduino, el legado de su vida*, Madrid, Ed. LibrosLibres, 2021
7. Jean-Claude et Yolande Bésida, *L'amour Sauvé*, p. 30

de intimidad, en el sentido profundo del ser, es el hogar del Hogar. Donde el matrimonio «fabrica su alma», como la quilla de un barco, que, aunque no se ve, es esencial para la navegación».[8]

Sin embargo, por desgracia, no todos viven así la intimidad. La concupiscencia, el deseo carnal que hace ver al otro como un objeto sensual, en muchos casos se lo lleva todo por delante. La relación de donación se transforma en relación de posesión. Entonces el placer degrada al que lo busca exclusivamente. De ahí que Jesús dijese: «Bienaventurados los limpios de corazón» Mt 5, 8, dado que no somos objetos sino sujetos, personas, llamadas a la comunión desde la amistad, desde el afecto y desde la unión física con la persona con la que me he comprometido para siempre. Ahí sí, los esposos se «donan» mutuamente el uno al otro, confiando en la responsabilidad con la que serán acogidos.

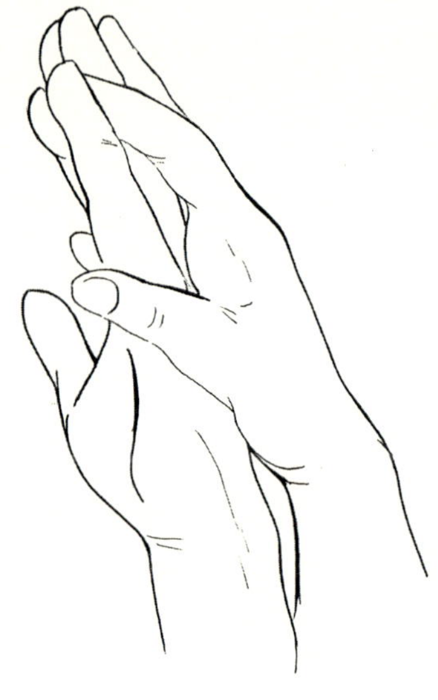

Todo empieza con la desnudez. «Los dos estaban desnudos, Adán y su mujer, pero no sentían vergüenza uno de otro» Gn 2, 25. Daba igual que no hubiera vestidos, pues cuando se miraban, antes veían a una persona que a un cuerpo. Y sus uniones eran siempre dentro de una comunión total de la persona entera.

8. Jean-Claude et Yolande Bésida, *L'amour Sauvé*, p. 30

Sin disociación... *préstame tu cuerpo que me apetece...* En cambio, unos capítulos más adelante, en el Génesis, tras el pecado original, Adán dice: « me dio miedo, porque estaba desnudo, y me escondí » Gn 3, 10. Así empezó la lucha para todos nosotros. Debemos vivir la sexualidad para dar y no para tomar. Una buena muestra de que se vive bien el amor entre dos personas, que de verdad se quieren, es ver desaparecer un cierto pudor. Como dice San Juan Pablo II, « entonces la desnudez no molesta, pues se encuentra invadida por el amor ».[9] Queremos mucho a nuestros padres y hermanos, sin embargo, no compartimos con ellos nuestra desnudez, en cambio con mi media naranja, sí, pues es como otro yo.

La verdadera unión física dentro el matrimonio, une también los corazones. Cuando los dos experimentan ese momento, viven un desborde de satisfacción en el que el ser se conmueve: todo se extasía, y hasta el semblante se transforma. Viven la exaltación de la **unidad de todo su ser.** Hacen crecer la confianza y tocan la intimidad de su amor, que es total. Se les escapan muchos « te quiero » y la paz desciende sobre ellos, junto con la alegría y la felicidad. Es **darse todo entero.** Es lenguaje del cuerpo, pero también del alma. Es el gesto que más une, o... el que más puede herir.

Los que viven la sexualidad sin el amor, los que van de flor en flor... dirán que también experimentan todo esto. Pero en lugar de hacer crecer el amor, es la búsqueda física del placer lo que se instala. El otro es un medio para su propio interés personal. Y a medida que las experiencias se repiten y la búsqueda de placer se intensifica, lejos de la actitud de don, desaparece la capacidad de discernimiento sobre la otra persona. No se ve al otro dentro de una relación, sino como un instrumento de alivio a sus impulsos sexuales.

9. Yves Semen, *La Sexualidad Según Juan Pablo II,* Bilbao, Ed. Desclée De Brouwer, 2005

¿Y cómo estar seguro de que me doy totalmente sólo al que será mi media naranja? Dándose sólo una vez casados. Antes no hay compromiso, con lo que es arriesgado. Y qué pena no poderle regalar nuestra virginidad al que **Sí** es el que tenía que ser, el hombre o la mujer que Dios había previsto para mí. Vale la pena esperar, y realizarse plenamente como una persona comprometida de verdad, feliz de amar y ser amada. Y si algún novio nos apremia… digámosle que nos respete. Y que si de verdad nos quiere… ¡ahí tiene una buena ocasión para demostrarlo!

En definitiva, la alegría profunda viene de la fusión de dos gestos verdaderos de entrega del uno al otro. Y para que sean auténticos, el matrimonio es el marco sagrado, compromiso hasta la muerte, en el que me doy plenamente a mi amado/a. Gesto en su justo lugar y al servicio de la relación. Al servicio de la comunión y de la vida. Donde la expresión de los sentidos no es el objetivo, sino un signo de aceptación libre y total y de don libre y total. Lo que se busca es ampliar el corazón y hacer crecer en nosotros la capacidad de amar.

El rey Balduino admiraba mucho a su esposa y no dejaba de expresarle su gratitud a Dios: «Tú eres todopoderoso, Señor, y has puesto en mi corazón el inmenso deseo de seguirte y parecerme a ti. Realiza en mí y en Fabiola tu sueño de santidad». Ellos eran un matrimonio unido, muy unido. Un modelo para todos. Aunque detrás de la aparente facilidad de la vida de palacio y todo de color de rosa… estaba también la Cruz. Perdieron cinco hijos. «He tenido problemas con cada embarazo, pero al final sigo pensando que la vida es bella»[10], confió la reina.

10. Raphaëlle Simon, *Couples de feu et de foi*, p. 58

7. Momentos en los que la necesito a mi lado

Experimentamos una profunda **necesidad de compartir**, con la otra persona, los momentos intensos que vivimos solos, sean bonitos o dolorosos. Una montaña nevada, una puesta de sol en la playa, una cascada, un concierto conmovedor, una gran obra de teatro… Sin el otro a mi lado, no es lo mismo, no se vive igual. Falta algo. Incluso estamos un poco tristes, y nuestro pensamiento no cesa de ir hacia la otra persona: *qué pena que tú no estabas.* Lo mismo ante situaciones que nos hacen sufrir, la pérdida de alguien cercano, una noticia triste, o todo aquello que provoca nuestras lágrimas: *Necesito que estés junto a mí.* Solo ella puede consolarnos. Nos echamos a sus brazos en cuanto la vemos. No hace falta que nos diga nada, simplemente que esté aquí, a mi lado.

Como ejemplo «de que te necesito a mi lado», está el caso de Daniela, casada con Francesco. Fueron unos novios sicilianos adorables, dulces, cariñosos, respetuosos, fervorosos… vamos, un amor de pareja. Pero con el tiempo, se fue manifestando un pequeño problema… Bueno, no tan pequeño. Su marido estaba poseído por el demonio. Poseído de verdad. El pobre sufría mucho y su mujer también. Al inicio el «patas» se hacía el discreto, pero luego en absoluto. Aquello, cuenta él en su libro[11], eran tantos

11. Francesco Vaiasuso, *Mi Posesión*, Ed. Didacbook, 2018

acontecimientos sobrenaturales, que parecían auténticos fuegos artificiales. Primero se mostraba en los exorcismos, que duraron varios años, y al final ya en cualquier sitio, hasta tal punto que él a veces tenía que precisar a su mujer: «cariño soy yo». Su mujer durante los primeros meses no quería saber nada. Aguantaba como podía. Hasta que un día comprendió que ella también tenía que entrar en la lucha, el matrimonio es cosa de dos. Ella sintió que, por el sacramento que les unía, bajar a la arena para librar batalla, podía valer su peso en oro. Así que empezó a participar en los exorcismos.

– Francesco, ¿eres tú?, me pregunta ella al final de una dura batalla durante un exorcismo.

No tengo fuerza para responderle. Pero para que se dé cuenta que soy yo, le aprieto ligeramente la mano.

Le pregunto en el coche:

–¿Qué estabas rezando durante el exorcismo?

– Dirigí al maligno un solo pensamiento: «En el nombre de Jesús, en virtud del sacramento del matrimonio, ¡te ordeno que te vayas!»

Comprendo que su mandato era imperativo. Sin él no me hubiera liberado ese día. Y en toda su fuerza, entiendo el poder del sacramento del matrimonio.

Sólo ahora puedo explicar por qué durante años, al comienzo de cada exorcismo, me quitaba mi anillo de boda y se lo arrojaba a Daniela y a Fray Benigno: el matrimonio era algo insoportable para el maligno, algo que tenía que destruir.

El demonio ha comprendido que Daniela es un enemigo astuto, alguien preparado y a quien temer. Un enemigo más rocoso que muchos otros con quien no basta entablar una simple batalla.

– Bésame amor, me dice a menudo mi mujer.

Y él, el malvado, tomando posesión de mi cuerpo de un modo repentino e inesperado, responde por mí:

– ¡No! ¡No quiero!

Daniela sabe que solo puede derrotarlo con amor, plasmándolo mediante pequeños gestos en nuestra vida cotidiana, con mucha alegría y paciencia. Se esmera en preparar una comida apetitosa y pone la mesa de días de fiesta. Y a Satanás le molesta todo lo que es bello y bueno y a menudo grita:

– ¡No podemos comer! ¡Ni tú ni Francesco debéis probar la comida!

En ocasiones, exhausto después de una dura pelea, estoy acostado en la cama y escucho a Daniela « hurgando » en la cocina. El ruido de los platos, vasos y ollas, el olor de la comida, me transmiten una gran esperanza y la certeza de que mi casa y mi familia, a pesar de todo, no se derrumban. Esos ruidos me aportan una gran vitalidad interior y me alejan del abismo de la depresión. Me siento apoyado, siento que mi casa se ha construido sobre cimientos sólidos a pesar del terremoto que nos asola. Mi casa permanece en pie y la furia de las aguas malvadas no puede anegarla.

Daniela, a quien todos le decían: « Deja a tu marido », « Menuda carga te ha tocado… », no dudó un instante en acompañarle en la prueba, costase lo que costase. Él era lo primero. Su matrimonio era su prioridad. A los cinco años, tras muchos exorcismos y la intervención de varios exorcistas, el demonio salió por fin definitivamente. Nunca hubiese sido posible sin el apoyo incondicional de su esposa.

IV

CON LOS PIES EN EL SUELO

«Entonces Rafael tomó aparte a los dos y les dijo: «Alabad a Dios y dadle gracias ante todos los vivientes por los beneficios que os ha concedido; así todos cantarán y alabarán su nombre. Proclamad a todo el mundo las gloriosas acciones de Dios y no descuidéis darle gracias. Practicad el bien, y no os atrapará el mal.

Os voy a decir toda la verdad, sin ocultaros nada. Pues bien, cuando tú y Sara orabais, era yo quien presentaba el memorial de vuestras oraciones ante la Gloria del Señor. Dios me había enviado para someterte a prueba. También ahora me ha enviado Dios para curaros a ti y a Sara. Yo soy Rafael, uno de los siete ángeles que están al servicio del Señor y tienen acceso a la Gloria de su presencia». Tb 12, 6-14

La Cruz

Aquellos que no se han casado, que, aunque lo deseaban... no han encontrado su media naranja, quizá se pregunten ¿Y yo? ¿No había entonces nadie para mí? Como dice Sta. Teresita de Lisieux, « En el Cielo lo comprenderemos todo »[1] Ahora bien, siendo sinceros con nosotros mismos, podemos preguntarnos... ¿Estoy seguro que yo estaba hecho para el matrimonio? ¿Y si Dios me ha dado otra vocación que me pide estar disponible para todos? ¿Y si mis actividades del día a día, el darme todo a todos, quizás es justamente lo que Dios quiere para mí? ¿Algo que, sin darme cuenta, es incompatible con la vocación de darse de modo exclusivo a una sola persona?

Los que han pasado por un proceso de nulidad matrimonial, puede que también se pregunten ¿No había una media naranja de verdad para mí? Pero si miramos hacia Dios, podemos confiar en que Él, a través de su Providencia, sabe lo que nos sucede. Probablemente ha permitido esa relación, aunque no estuviese llamada a durar para siempre, porque los hijos tenían que venir a este mundo. Él tiene un plan para ellos, y desde su Sabiduría infinita, ha permitido esta relación amorosa para que nacieran y gozasen con Él toda la eternidad. « Dejadme hacer, no os arrepentiréis », nos diría el Señor. ¿Acaso no habrá valido la pena nuestro sufrimiento para colaborar con su plan? Es probable que cuando nos toque llegar arriba, Jesús nos felicite por nuestra paciencia en la prueba y el dolor. Aquí abajo todo pasa, la eternidad en cambio es para siempre.

1. Santa Teresa del niño Jesús, *Historia de un alma, Manuscrito C*, Madrid, Ed. Monte Carmelo, 2006

Para sentirnos menos solos en el sufrimiento, tomemos a la Virgen María como ejemplo. Ella dijo Sí, día tras día, a las duras y a las maduras. Primero quiso ser célibe y Dios la llevó al matrimonio. Quiso ser virgen consagrada y Dios le hizo ser madre. Quiso quedarse en Nazareth y Dios le pidió dar a luz en Belén. Quiso volver a Nazareth y Dios le pidió ir a Egipto. Quiso ver a su Hijo amado y querido por todos, y Dios le pidió verlo rechazado. Quiso que su Hijo muriese después de ella y Dios le pidió verle morir en la Cruz. En fin, su vida fue un Sí, y siempre un Sí. Y así Dios pudo realizar su obra a través de María, como también quiere hacerlo a través nuestro. Aunque sea no teniendo marido, o con uno que no me hace feliz, o preguntándome si no había uno mejor para mí… o sin tener hijos, o teniendo una enfermedad cuando alrededor mío todos están sanos, etc.

Qué ejemplar manera de acoger la Cruz y abandonarse al plan de Dios, incluso cuando llega de modo inesperado, nos muestra la reina Fabiola. «El 31 de julio de 1993, mientras descansan en su residencia de verano en España, ella anda preparando la cena. Cuando está todo listo, llama a su esposo para pasar a la mesa, pero él no responde. Víctima de un infarto, el rey, de 63 años, acaba de fallecer. Al anunciarse su muerte, tras cuarenta y dos años de reinado, el país se queda en estado de shock. La reina, que sin duda estaba preparada para ello, se siente en paz a pesar de la noticia. Su dignidad es admirada por todos. Desea transformar el duelo nacional en un día de gloria y esperanza. Para el funeral, se viste de blanco, símbolo de esperanza. Durante veintiún años llevará en su muñeca el reloj del rey, que suena cada hora. Balduino utilizaba esta alarma para vivir constantemente la hora de Dios. Ella siente su presencia a su lado y le habla todos los días. A quienes le hablan del monarca fallecido, les dice: «Está aquí, siempre está con nosotros». Aunque en realidad ella sufre y desea reunirse con su amado en el Cielo. El Cardenal Danneels, que ofició el funeral, habló del rey como un monarca excepcional, un rey según el corazón de los hombres y según el corazón de Dios. Lo comparó al rey David: « Hay reyes que no solo reinan, sino que aman hasta dar su propia vida. Así era el rey Balduino, él amaba ».[2]

Un ejemplo conmovedor

En el maravilloso libro *Parejas de fuego y de fe*, escrito por Raphaëlle Simon, con magníficos ejemplos de santos matrimonios, la autora nos describe la belleza de cada una de esas relaciones. En ellas, tras el « encuentro », se instala y triunfa el amor. Los esposos no se ponen en el centro, sino que ponen a Dios, y Él realiza su obra en ellos y a través de ellos. He querido tomar algunos pasajes en los que cuenta la bellísima historia de amor vivida entre Chiara y Enrico Petrillo. Una auténtica obra de arte. Así es, « el hogar cristiano no es un refugio egoísta, es un lugar de amor misionero ».[3] Con sus vidas, han grabado en el mármol la veracidad del camino que siempre nos ha enseñado la Iglesia y que he buscado transmitir en este libro. Sin olvidar que si la atracción y el afecto son una cosa, la psicología de cada uno y sus propias heridas son otra. A veces se necesita tiempo para dar el paso definitivo y llevar una vida equilibrada en pareja, serena y armoniosa.

> « El 12 de agosto de 2002 Chiara está en Medjugorje, es mediodía. Durante el almuerzo en el hotel, se sienta en el único sitio libre y, al cruzar la mirada con su futuro vecino de mesa, siente internamente: « ¡Este es mi príncipe! ». Es un presentimiento que

2. Raphaëlle Simon, *Couples de feu et de foi*, p. 58
3. P. Henri Caffarel, *Carta a los matrimonios de los Equipos Nuestra Señora*, 1964

no puede controlar. Ella tiene 18 años y él 23. Desde pequeña, intuye que Dios tiene un plan para ella y no quiere fallarle. De vuelta a Roma, Chiara y Enrico deciden volver a verse, conocerse mejor y, cinco meses después, se dan su primer beso. Los jóvenes enamorados están maravillados el uno por el otro. Su compromiso dura seis años. Un periodo doloroso, salpicado de discusiones, rupturas y reconciliaciones.

Tras un retiro espiritual, Chiara comienza a descubrir lo que significa amar de verdad a una persona: «Aceptarla, no entenderlo todo de ella, estar dispuesta a dejarse cambiar, y por tanto a sufrir, a renunciar a algo por ella».

Según los periodos, ella tiene dudas. «Esto dice el Santo, el Verdadero, el que tiene la llave de David: si Él abre, nadie puede cerrar; si Él cierra, nadie puede abrir» Ap, 3, 7, es decir: «Confía en Dios, si Él lo ha elegido para ser tu esposo, nadie podrá quitártelo, le dirá un sacerdote. ¡No temas!» «Esta palabra cambió mi vida», testificará Chiara. «Finalmente liberada de las expectativas que me había creado, pude ver con nuevos ojos lo que Dios quería para mí». ¡Qué lucha espiritual! De todas sus pruebas, Chiara dirá más tarde, que la más grande fue la de su compromiso. Fue como una verdadera travesía por el desierto antes de llegar a la Tierra Prometida. Un tiempo de maduración necesario para la joven pareja.

Este retiro fue para ellos un punto de inflexión. A partir de entonces, ambos querían acogerse como hijos amados del Padre. «Lo único extraordinario es ser hijos de Dios, dirán. Solo tenemos que elegir entre creer en un Padre que nos ama o seguir pensando que la vida es fruto del azar».

En la Porciúncula, al final de una peregrinación, Enrico y Chiara conocen a Cristiana y Simone, que también se preparan para el matrimonio. Se hacen muy amigos y, con confianza mutua, comparten sus alegrías y también sus dudas y dificultades. Desean vivir el matrimonio como una vocación, una llamada a la santidad. Enrico y Chiara piensan en esperar a que ella se gradúe antes de casarse, pero tras una adoración ante el Santísimo Sacramento, deciden casarse sin esperar. Los últimos meses de su compromiso los vivirán tranquilos y sin conflictos, ¡por fin!

En Asís, del brazo de su padre, Chiara sale vestida de novia del convento de las hermanas franciscanas de Nuestra Señora de los Dolores. Han elegido casarse en el mismo lugar donde escucharon por primera vez estas palabras fundacionales para ellos: « El amor es lo contrario de la posesión ». En el momento de la Eucaristía, Chiara y Enrico se entregan el cáliz, como una prefiguración de su don de amor y de los sufrimientos que vivirán. Chiara está convencida de que el matrimonio es un camino para llegar al Cielo.

Poco después, tendrán una primera hija a la que diagnostican una grave malformación. Fallece en brazos de su madre cuarenta minutos después de nacer. Nace para el Cielo. Para Chiara, esos minutos con su hija serán inolvidables: « Comprendí que estábamos unidos para toda la vida ». El segundo hijo, un niño, correrá la misma suerte. Los padres salen de la clínica llenos de amor por estos dos pequeños a los que han acompañado hasta el final de su corta e intensa vida en la tierra. « Gracias a ellos, dirá Enrico, hemos descubierto que no hay ninguna diferencia real entre una vida que dura treinta minutos y una vida que dura cien años ».

El 30 de mayo de 2011 nace Francesco, muy sano. Pero mientras tanto, a la madre se le ha diagnosticado un cáncer grave. Ella, ha hecho todo lo posible por salvar la vida del niño, no sin consecuencias. Pero ella no está bien. Eso no impide que los dos padres estén reunidos junto a su bebé en el hospital, llorando de alegría.

Un año más tarde, el médico comunica a Enrico que su mujer se encuentra en fase terminal. Enrico la lleva a la capilla para darle la terrible noticia. Ambos renuevan allí sus promesas matrimoniales. Chiara confiesa que ha dejado de querer entender, porque si no, « te vuelves loca ». Ella simplemente quiere acoger la gracia de cada día.

Al salir del hospital, Chiara escribe una carta a sus amigos en la que les explica su situación y les testimonia una vez más todo el amor que siente por su marido: « Disfruto de Enrico. Siento mucho tener que dejarlo ahora. Es él a quien he elegido. Le prometí que lo amaría todos los días de mi vida. ¡Cómo me hubiera gustado envejecer con él! »

Los esposos viven con intensidad el momento presente. La familia, los amigos y los vecinos, van a rezar con ellos. Hasta setenta personas acuden a su casa a rezar el rosario, todos rodean a los esposos. El sacerdote que los casó está maravillado. Sus vocaciones de esposos y de sacerdote se enriquecen mutuamente: « El sacerdote muestra a los esposos el amor de Dios y los esposos muestran al sacerdote cómo actúa el amor de Dios ».

A pesar de la enfermedad, Chiara sigue cuidando su aspecto. Le gusta estar guapa para Enrico. Sus amigos los descubren cada día más enamorados. Chiara confirma lo acertado que fue anteponer su matrimonio a todo lo demás. « Su matrimonio fue la base de todo, afirman sus amigos. En este sacramento se multiplicó la gracia. Ante nuestros ojos se convirtieron en un altar. No recordamos ni un solo día de desesperación, su alegría siempre crecía». Enrico dirá: «Es del amor por Cristo donde Chiara obtenía su amor conyugal».

El 30 de mayo, su hijo Francesco celebra su primer cumpleaños. Chiara le regala una carta a modo de testamento espiritual, en la que expresa cómo el amor es el centro de toda la vida. «El amor te consume, pero qué hermoso es morir consumidos como una vela que se apaga cuando llega a su fin. Te darás cuenta de que amas de verdad cuando nada te pertenece realmente, porque todo es un regalo. No te desanimes nunca, hijo mío. Dios nunca quita nada, si quita algo es solo porque quiere darte mucho más. El Señor te ha querido desde siempre y, si le abres tu corazón, te mostrará el camino que debes seguir... ¡Ten confianza, vale la pena!»

El 12 de junio, sintiendo que su hora se acerca, llama a sus amigos para que vengan a despedirse. Enrico confiesa: «El amor no es poseer, y el matrimonio es ayudar al otro a ser feliz. Aquí estamos, ha llegado la hora».

Le traen a Chiara lo que había pedido, camisetas estampadas para la misa de funeral en las que se lee: «Hemos nacido y ya nunca moriremos».

Chiara pasa toda la noche hablando con su hermana Elisa, como hizo la víspera de su boda. «Sabes, Elisa, Enrico me quiere de verdad». Le confiesa maravillada el amor de su marido, que no deja de repetirle: «Qué guapa eres, mi amor». Y cuando el sacerdote le pregunta: «¿Qué es lo que más vas a echar de menos?», ella responde: «El tiempo que he pasado con mi marido».

Mirando el rostro de su amada, Enrico envía un mensaje a sus amigos: «Nuestras lámparas están encendidas, esperamos al

Esposo». Chiara entra en agonía. Rodeada de las oraciones de los suyos, con la mano entre las de Enrico, muere al mediodía, en paz. Feliz. Tiene sólo 28 años. Tal y como ella había deseado, se viste el cuerpo de Chiara con su vestido de novia y se le coloca un rosario en la mano.

El 16 de junio, fiesta del Corazón Inmaculado de María, tiene lugar el funeral. Asisten más de dos mil personas. Veinte sacerdotes concelebran la misa. El cardenal Vallini, vicario general del Papa para la diócesis de Roma, también está presente. La celebración, envuelta de paz y alegría, parece una boda, y la liturgia elegida no es la de los difuntos, sino la de la Virgen María. Los cantos, compuestos por Enrico, son los de su boda.

Sobre la tumba de Chiara, y la de sus hijos, figura el Tau franciscano y esta inscripción: «Lo importante en la vida no es hacer algo, sino nacer y dejarse amar».

El proceso de beatificación de Chiara Corbella Petrillo se abrió el 21 de septiembre de 2018. El motivo retenido es el de: «Laica, esposa y madre llena de Dios, ejemplo de amor más grande que el miedo y la muerte». Así es, la vida de Chiara y Enrico es un ejemplo de la presencia de Dios en el matrimonio y de un amor heroico hasta la muerte».[4]

Este bonito testimonio, lo es gracias a un amor auténtico: vivido, compartido y hecho vida. Como lo enseña Karol Woytila, el futuro Juan Pablo II, en su obra *El Taller del orfebre*, si bien resumida en esta poesía.

4. Raphaëlle Simon, *Couples de feu et de foi*, p.58

« Cuando dos almas se encuentran en
humilde verdad,
y en su unión late la eterna bondad.
No es solo pasión, ni fuego fugaz,
sino llamada de Dios que siempre da paz.

Manos que se ofrecen sin miedo ni afán,
reflejan en la tierra el cielo cercano.
Cada gesto sincero, cada humilde perdón,
es un hilo divino que une el corazón.

El amor que perdura no busca poseer,
sino crecer juntos y aprender a ceder.
En cada sacrificio, en la paciencia y en la oración,
se revela el misterio de la Creación.

Sus miradas callan, pero saben hablar,
y en cada silencio sienten a Dios abrazar.
El amor que es puro no se rompe jamás,
pues nace del Cielo y en él siempre está.

Que su unión sea templo donde habite la luz,
que su entrega mutua refleje la virtud.
Y que, en cada instante, en cada amanecer,
se descubra el amor que nos enseña a creer.

Gracias, Señor, por este don tan real,
Por el abrazo tierno y el amor leal.
Que en nuestra vida brille tu paz,
y que tu amor eterno nos guíe hasta
la eternidad ».

CONCLUSIÓN

« Tobías se levantó de la cama y dijo a Sara: « Levántate, mujer. Vamos a rezar pidiendo a nuestro Señor que se apiade de nosotros y nos proteja ». Ella se levantó, y comenzaron a suplicar la protección del Señor.

Tobías oró así: « Bendito seas, Dios de nuestros padres, y bendito tu nombre por siempre. Que por siempre te alaben los cielos y todas tus criaturas. Tú creaste a Adán y le diste a Eva, su mujer, como ayuda y apoyo. De ellos nació la estirpe humana. Tú dijiste: « No es bueno que el hombre esté solo; hagámosle una ayuda semejante a él ».

Al casarme ahora con esta mujer, no lo hago por impuro deseo, sino con la mejor intención. Ten misericordia de nosotros y haz que lleguemos juntos a la vejez ». Tb 8, 4-7

Me he guardado para el final una de las historias más bonitas. Alejandro es guardia suizo en la Ciudad del Vaticano. Está de guardia en la Puerta de Bronce, con vistas a la plaza de San Pedro. Se mantiene erguido, con la alabarda en la mano, cuando de repente... su corazón se acelera. Su dulcinea, la mujer de sus sueños, cruza la plaza. ¡Es ella, está seguro! ¡Es ella! No entiende lo que le pasa, se emociona hasta las lágrimas. ¡Es ella! Pero esa alegría eufórica y exultante, se muda rápidamente en una gran tristeza cuando la ve desaparecer lentamente detrás de las columnas de Bernini. Pasa de la felicidad a la desgracia, en un instante.

Por la tarde, Alejandro ya no está de servicio. Descansa en su cuartel, triste, todavía conmocionado por la mañana tan intensa y trágica que ha tenido, cuando... suena su teléfono. Un amigo lo invita a una cena en casa de unos amigos. Duda si ir, y con el alma en pena, finalmente decide acudir. Y con razón, pues Dios, siempre tan maravilloso, le ha preparado una sorpresa... ¿Adivinad quién está también invitada a la cena? Dos años más tarde, Alejandro y Cristina[1] se casan, muy felices. Yo estuve en la boda. Hoy tienen cinco hijos. Puedo dar fe de que son una pareja feliz, como tantas otras.

Con motivo de su treinta aniversario de boda, la reina Fabiola habló de su matrimonio y dio el secreto para ser una pareja feliz: «Solo os diré que han sido años de felicidad, gracias a la amabilidad de mi marido, a sus atenciones, a su **constante olvido de sí mismo**. Ha tenido conmigo una paciencia a toda prueba, que es lo que ha permitido que nuestro amor creciera y floreciera.

1. Ellos vivieron bien el «antes». Alejandro fue varios años responsable scout y Cristina estuvo un año y medio de voluntaria en Vietnam.

Este olvido de uno mismo, en favor del otro, es realmente la clave de un matrimonio feliz».[2]

Su consejo, hecho vida, es realmente un tesoro para todos nosotros. Hablando de tesoros... hace más de veinte años asistí a una comida en la que uno de los invitados era primo de Otto de Habsburgo, hijo de los emperadores Carlos y Zita. Nos contó esta preciosa historia: su primo Otto había recibido el encargo de su padre Carlos, antes de morir, de volver algún día al palacio en el que vivieron en Viena, y recuperar el tesoro que estaba enterrado en el jardín. Así lo hizo varios decenios después. Nada más llegar a la ciudad, estaba ansioso por cumplir dicho encargo. Buscó y rebuscó, excavó por todo el jardín... hasta que, tras varios días de exploración, dio por fin con el preciado tesoro. Era una caja, no muy grande, que contenía otra más pequeña en su interior. Pesaba más bien poco, con lo que se preguntó qué podía contener. Efectivamente, no había joyas ni dinero. Cuál fue su sorpresa al descubrir que el tesoro que contenía, tan querido de su padre, el mismísimo emperador, ¡eran las cartas de amor que se había escrito con su esposa Zita!

Cuántas lecciones de amor transmitidas en estas páginas: matrimonios generosos y llenos de un amor cada vez mayor. El mundo, la sociedad actual, nos muestra modelos de parejas conocidas que no suelen durar. En cambio, nuestros abuelos y otros familiares, sí son seguramente un verdadero ejemplo sólido y duradero. Entre ellos reina una complicidad, un afecto y una cercanía auténticas. Ya no pueden vivir el uno sin el otro.

2. Raphaëlle Simon, *Couples de feu et de foi*, p. 58

Para aquellos a quienes estos ejemplos aumentan el deseo de encontrar ya a su media naranja y se cansan de esperar… ¡confianza! Dios tiene un proyecto para cada uno. «**Encomienda tu camino al Señor, confía en Él, y Él actuará**» Sal 36, 5. Mucha paz y esperanza en nuestro devenir. «Lo que Dios quiera, cuando Dios quiera y como Dios quiera», decía Santa Madre Maravillas de Jesús. Podemos rezar ya por la otra persona y hacer todo lo posible para prepararnos para el encuentro. Nos toca embellecer nuestra alma, decorarla de virtudes, adornarla de generosidad y alimentarla mucho con la donación. Hoy, con la ayuda de Dios, construimos lo que seremos mañana. Él o ella se merecen lo mejor. Lo contrario sería indiferencia, y eso no es amor.

Sin olvidar que somos pobres e imperfectos, pero Dios está con nosotros. Él es la fuente del amor y el garante de nuestro amor, sellado por el compromiso del matrimonio. Él bendice y transforma en abundancia, siempre y cuando permanezcamos unidos a Él. Sabiendo que, mientras seamos conscientes de nuestra pequeñez, entonces estamos salvados. «Te basta mi gracia: la fuerza se realiza en la debilidad» 2 Cor, 12,9.

Aspiramos a un Amor con mayúscula, aquel que tanto deseamos recibir y que, en el altar, nos comprometemos a dar. Ofrezcámoslo ya a quienes amamos, y en el futuro a la persona que Dios nos reserva y que desearemos amar. Hagamos de nuestra casa un Hogar donde reine el amor, un pequeño Nazaret con María, Jesús y José. Esto es lo que Dios quiere, dejémosle hacer. Y siendo fieles, cumpliremos nuestra misión, la de ser: «Sal de la tierra y luz del mundo» Mt 5, 13-14.

« Cuando dos seres, que se han esperado
durante mucho tiempo, se han encontrado por fin,
pueden comprobar que son compatibles,
solidarios y complementarios, que se parecen.
Entonces se forja entre ellos y para siempre una
unión ardiente y pura como ellos mismos.
Una unión que comienza en la tierra
y continuará indefinidamente en el Paraíso.
Esta unión es amor, amor verdadero,
como en verdad pocos hombres pueden imaginar,
y por el cual los mayores sacrificios
son los más dulces encantos ».

Victor Hugo
Carta a Adèle Foucher

AGRADECIMIENTOS

A los jóvenes que he encontrado en mi camino y que, al escuchar el contenido de este libro, me han mostrado su sincero y emotivo agradecimiento, por haberles renovado la esperanza. Gracias a vosotros por mostrarme que esta intuición, nacida y guiada en la oración, es fecunda y verdadera.

a Fr. Thierry por su acompañamiento espiritual,

a Carmen por ayudarme a encontrar el estilo justo,

a Clara y Elva por sus correcciones,

a Carmen, Camino y Lourdes por su lectura,

a Sta. Teresita del niño Jesús, Hna. Clare y P. Henry que desde el Cielo me acompañan siempre en este apostolado.

BIBLIOGRAFÍA

Sagrada Biblia, Madrid, Ed. Biblioteca de Autores Cristianos, 2011

Catecismo Iglesia Católica, Roma, Ed. Libreria Editrice Vaticana, 2001

Charles Péguy, *Le porche du Mystère de la deuxième vert*u, Nouvelle Revue française, 1916

Emmanuel et Catherine Belluteau, *La Bible dans le couple,* Paris, Ed. Salvator, 2004

Benedicto XVI, *Deus Caritas est,* Carta encíclica, Madrid, Ed. San Pablo, 2006

P. Ratzinger Joseph, *La Foi chrétienne hier et aujourd'hui,* Paris, Ed. du Cerf, 2005

Card. Joseph Suenens, *El rey Balduino, el legado de su vida*, Madrid, Ed. LibrosLibres, 2021

Bernadette Chovelon, *Baudoin et Fabiola, l'itinéraire spirituel d'un couple*, Paris, Ed. Artège, 2018

P. Henri Caffarel, *Cahiers sur l'Amour et la Grâce*, vol II, Paris, Ed. du Feu Nouveau, 1956

Raphaëlle Simon, *Couples de feu et de foi*, Paris, Ed. del Emmanuel, 2020

Jean-Claude et Yolande Bésida, *L'amour Sauvé*, Paris, Ed. Ad Solem, 2014

Cristiana Paccini y Simone Troisi, *Nacemos para no morir nunca*, Madrid, Ed. Palabra, 2015

Attilio Danese, Giulia-Paola Di Nicola, *Une auréole pour deux : Maria et Luigi Beltrame Quattrocchi*, Paris, Ed. del Emmanuel, 2004

P. François Potez, *Puisque vous avez décidé de vous aimer*, Paris, Ed. Mame, 2024

Alex et Maud Lauriot Prevost, *Mariage, Mystère Trinitaire*, Ed du Jubilé, 2005

Santa Faustina Kowalska, *Diario de Faustina Kowalska*, Marian Press, 2005

Santos Celia y Luis Martin, *Correspondencia Familiar*, Madrid, Ed. del Monte Carmelo, 2009

Karol Wojtyła, *El taller del orfebre*, Madrid, Ed. Biblioteca de Autores Cristianos, 2005

Veronica Wiliams, *La alegría de abandonarnos en Él,* Madrid, Ed. del Monte Carmelo, 2009

Alphonse d'Heilly, *Aimer en actes et en vérité*, Paris, Ed. Saint Paul éditions religieuses, 2005

Jean Sévillia, *Zita, impératrice courage*, Paris, Ed. Perrin, 1997

Pascal Ide, *Aimer l'autre sans l'utiliser*, Paris, Ed. del Emmanuel, 2019

Denis Sonet, *Réussir notre couple*, Paris, Ed. Mame, 2018

Joël Guibert, *L'art d'être libre*, Paris, Ed. del Emmanuel, 2013

Yves Semen, *La Sexualidad Según Juan Pablo II*, Bilbao, Ed. Desclée De Brouwer, 2005

San Francisco de Sales, *Introducción a la vida devota*, Madrid, Ed. Palabra, 2014

Nahalie Loevenbruck, *Aimer de tout son corps*, Paris, Ed. del Emmanuel, 2017

Fabrice Hadjadj, *Qu'est-ce qu'une famille?*, Paris, Ed. Salvator, 2014

Anne-Dauphine Julliand, *Un día especial*, Madrid, Ed. Palabra, 2014

Francesco Vaiasuso, *Mi Posesión*, Úbeda, Ed. Didacbook, 2018

Madre Maravillas de Jesús, *Si tú le dejas*, Aranda de Duero, Ed. Xerión, 2020